DISCLAIMER

The author and publisher are providing this book and its contents on an "as is" basis and make no representations or warranties of any kind with respect to this book or its contents. The author and publisher disclaim all such representations and warranties, including but not limited to warranties of merchantability. In addition, the author and publisher do not represent or warrant that the information accessible via this book is accurate, complete, or current.

Except as specifically stated in this book, neither the author nor publisher, nor any authors, contributors, or other representatives will be liable for damages arising out of or in connection with the use of this book. This is a comprehensive limitation of liability that applies to all damages of any kind, including (without limitation) compensatory; direct, indirect, or consequential damages; loss of data, income, or profit; loss of or damage to property; and claims of third parties.

BESTACTIVITYBOOKS.COM

FIRST EDITION - Published 2022

Extra Graphic Material From: www.freepik.com
Thanks to: Alekksall, Starline, Pch.vector, Rawpixel.com, Vectorpocket, Dgim-studio, Upklyak, Macrovector, Stockgiu, Pikisuperstar & Freepik.com Designers

This Book Comes With Free Bonus Puzzles

Available Here:

BestActivityBooks.com/WSBONUS20

5 TIPS TO START!

1) HOW TO SOLVE

The Puzzles are in a Classic Format:

- Words are hidden without breaks (no spaces, dashes, ...)
- Orientation: Forward & Backward, Up & Down or in Diagonal (can be in both directions)
- Words can overlap or cross each other

2) ACTIVE LEARNING

To encourage learning actively, a space is provided next to each word to write down the translation. The **DICTIONARY** allows you to verify and expand your knowledge. You can look up and write down each translation, find the words in the Puzzle then add them to your vocabulary!

3) TAG YOUR WORDS

Have you tried using a tag system? For example, you could mark the words which have been difficult to find with a cross, the ones you loved with a star, new words with a triangle, rare words with a diamond and so on...

4) ORGANIZE YOUR LEARNING

We also offer a convenient **NOTEBOOK** at the end of this edition. Whether on vacation, travelling or at home, you can easily organize your new knowledge without needing a second notebook!

5) FINISHED?

Go to the bonus section: **MONSTER CHALLENGE** to find a free game offered at the end of this edition!

Want more fun and learning activities? It's **Fast and Simple!**
An entire Game Book Collection just **one click away!**

Find your next challenge at:

BestActivityBooks.com/MyNextWordSearch

Ready, Set... Go!

Did you know there are around 7,000 different languages in the world? Words are precious.

We love languages and have been working hard to make the highest quality books for you. Our ingredients?

A selection of indispensable learning themes, three big slices of fun, then we add a spoonful of difficult words and a pinch of rare ones. We serve them up with care and a maximum of delight so you can solve the best word games and have fun learning!

Your feedback is essential. You can be an active participant in the success of this book by leaving us a review. Tell us what you liked most in this edition!

Here is a short link which will take you to your order page.

BestBooksActivity.com/Review50

Thanks for your help and enjoy the Game!

Linguas Classics Team

1 - Antiques

د	ل	م	ؤ	ى	ش	ن	م	ط	ظ	ك	ي	ص	ط	ظ	ؤ
خ	ل	ض	ز	ع	م	ل	ا	ت	م	ع	د	ن	ي	ة	ي
إ	ب	ن	ؤ	ا	ق	م	ؤ	ص	ك	ظ	ا	ف	ر	ط	غ
ظ	ي	ل	ص	أ	د	ش	ئ	د	ظ	ك	ع	آ	ط	ق	خ
ا	ع	إ	م	ض	ر	ع	ل	ؤ	ث	ق	ر	ع	إ	د	إ
س	ص	خ	ؤ	ك	ع	ج	ل	ث	م	ن	ي	د	ل	ي	ظ
ت	م	ح	ة	ع	ج	ل	و	ن	ت	ث	غ	ذ	آ	م	ي
ث	ا	ث	أ	ر	ث	ش	غ	د	ي	ف	ج	ت	أ	ص	ط
م	ق	آ	ش	آ	ى	ي	م	و	ة	ض	ت	ح	ن	ل	ا
ا	ج	ز	ي	م	إ	ص	م	ق	د	ر	و	ك	ي	د	ش
ر	ظ	ث	ف	ج	و	خ	ش	ع	ا	ع	خ	ى	ق	ا	ص
ر	ك	ا	ر	و	س	س	ث	ق	ع	م	ن	ي	س	ز	ف
غ	ب	ك	ا	ه	ص	ع	ع	ن	ت	ذ	خ	ذ	خ	ض	ن
ش	ى	ر	آ	ر	ق	ظ	ب	ب	س	ص	ط	ض	م	ئ	ر
س	ق	ن	ع	ا	ة	ك	ب	ا	ا	و	ى	ئ	ق	ك	ق
ب	ر	ف	م	ت	ة	س	ؤ	ص	و	ز	ا	ر	غ	ا	خ

استثمار
مجوهرات
قديم
ثمن
جودة
استعادة
النحت
نمط
للبيع
غير عادي

فن
مزاد علني
أصلي
قرن
عملات معدنية
عقود
ديكور
أنيق
أثاث
معرض

2 - Food #1

ي	س	ن	ل	ق	خ	ب	غ	ط	ح	ك	ق	ص	ت	ظ	ف
ع	ط	م	ح	ض	ر	ي	ع	ش	ل	ك	ق	ط	ص	ر	ذ
ئ	ع	ئ	ي	ف	ض	ف	ي	و	ي	ج	ث	ط	ؤ	س	ف
م	خ	ز	ل	ئ	س	ح	ة	س	ب	ز	ا	ح	ت	ح	ئ
ك	ف	إ	ر	ح	ف	ا	ش	و	ك	ر	ل	ص	ن	آ	ظ
ز	ع	م	د	ش	ى	ر	ث	م	ك	ي	س	خ	ذ	ب	إ
ط	غ	ز	ط	ح	آ	ن	ا	ز	ر	ص	ك	ص	ق	د	ئ
ع	ف	ش	م	ش	م	و	ث	و	ف	ع	ر	د	ش	ب	ئ
ض	ئ	ؤ	خ	ل	ق	ل	ت	ف	ل	ت	و	ن	ة	ص	س
إ	ط	ش	ل	ء	ا	س	ح	و	آ	ة	س	و	ط	ل	ع
خ	ة	ي	ز	ط	ز	ج	ا	ت	و	ف	ب	م	ل	ا	ع
ك	ص	ك	ن	آ	ي	ع	ت	ن	ئ	خ	ا	ي	س	ل	س
إ	ج	ض	ش	ظ	م	ش	س	ث	ل	ط	ن	ل	ر	ش	خ
م	ل	غ	ي	د	ج	ة	ذ	آ	ى	إ	خ	خ	ث	ذ	ث
ع	ص	ص	ظ	ئ	ي	ك	ض	ش	ئ	ش	ش	ا	ج	ت	ق
ر	ي	ح	ا	ن	ة	إ	ش	ل	ؤ	ح	ك	ج	ب	ظ	خ

مشمش
شعير
ريحان
جزر
قرفة
ثوم
عصير
ليمون
حليب
بصل

كمثرى
سلطة
ملح
حساء
سبانخ
فراولة
السكر
توفو
تونة
لفت

3 - Measurements

ب	ج	ت	خ	ح	ك	ن	ك	ش	ن	ح	ي	ذ	ى	ؤ	ن
ئ	و	ؤ	ا	ل	ي	ف	ف	د	ذ	ر	د	ع	ض	آ	م
ن	ط	ص	ا	ق	ل	ئ	ث	ق	ص	ض	خ	ظ	ذ	ا	ت
ع	ر	ض	ة	ذ	و	ؤ	غ	ي	ح	آ	ث	ص	ث	ك	ر
ى	ث	ث	ح	ق	م	ئ	إ	ق	و	ح	غ	ة	س	ش	ت
ك	آ	آ	آ	د	ت	إ	ك	ة	إ	ض	ث	ش	س	ى	ل
ك	د	ة	ق	ا	ر	ق	ة	ط	ش	ص	ن	ز	ن	ز	ش
ح	ط	ك	م	ل	ؤ	م	خ	ب	ئ	ز	ئ	ق	ت	ن	ر
ك	ت	ل	ة	ط	و	س	ف	ع	ة	ت	ن	ذ	ي	ح	ظ
ز	ل	و	م	و	إ	ز	ا	ش	د	س	ص	ا	م	ة	ك
غ	ج	ظ	ص	ل	ت	ث	ن	ر	ر	ن	ج	ر	ت	ش	ة
ض	ر	ذ	م	ل	ض	ن	ط	ي	ج	ق	غ	ت	ر	م	ة
ب	ا	ي	ت	ذ	ا	ؤ	ض	ز	ة	د	ر	ف	ج	ص	ث
م	ن	ض	ك	ي	ل	و	غ	ر	ا	م	ا	ا	خ	و	خ
أ	و	ق	ي	ة	ت	ئ	ش	ج	ط	ق	م	ع	ز	و	ز
إ	ا	ر	إ	ى	ط	ش	ص	ي	ك	ث	ظ	غ	ؤ	و	ص

الطول
لتر
كتلة
متر
دقيقة
أوقية
طن
الصوت
وزن
عرض

بايت
سنتيمتر
عشري
درجة
عمق
غرام
ارتفاع
بوصة
كيلوغرام
كيلومتر

4 - Farm #2

ط	ب	ط	ة	آ	ب	ي	ل	ح	ت	ل	ح	ا	م	د	ش
ش	ع	ل	ه	ب	س	ى	م	ض	س	ح	ب	ل	ظ	ج	إ
ش	ع	ا	ؤ	ن	ت	خ	ت	ن	ش	ظ	و	خ	و	س	ط
ج	ب	ص	م	ة	ا	ر	ا	ف	ش	ي	ب	ض	ح	د	ى
إ	س	ؤ	ي	ر	ن	ت	ن	ل	ج	ر	ذ	ر	ا	ا	ع
د	ف	ى	ي	ي	و	ح	ا	ر	ر	ة	ر	و	م	ة	ى
ر	ف	و	م	س	ظ	ب	و	ص	م	ي	ة	ا	ة	إ	ا
ث	ت	ص	ئ	ن	ع	ذ	ي	ب	و	ن	إ	ت	ة	آ	ل
ط	ن	ؤ	ئ	ر	ز	ى	ح	ن	إ	ؤ	ج	ئ	ه	س	ر
ب	ة	ض	ع	ج	د	ع	ل	و	ص	ة	ض	ر	ك	و	ا
خ	ع	د	خ	ا	ع	ذ	ا	ب	ب	ش	ا	ص	ا	ي	ع
ة	ق	ذ	س	ح	د	ب	ن	ن	ق	آ	ن	ت	ف	ر	ي
ط	ا	ح	و	ن	ة	ه	و	ا	ئ	ي	ة	ر	و	ج	ي
ظ	م	ز	ا	ر	ع	ق	م	ح	خ	د	ف	س	ر	د	ر
و	ي	إ	ا	ظ	د	ت	م	ت	د	خ	ص	م	خ	خ	إ
آ	ش	ع	ي	ر	م	ي	ث	ة	ة	ئ	ة	ل	ؤ	ح	ح

مرج
حليب
بستان
ناضج
خروف
الراعي
جرار
الخضروات
قمح
طاحونة هوائية

الحيوانات
شعير
حظيرة
حبوب ذرة
بطة
مزارع
طعام
فاكهة
الري
لهب

5 - Books

م	س	ي	ا	ق	ا	ل	ك	ل	ا	م	ف	ز	آ	ص	ؤ
ج	س	ب	و	ت	ك	م	ي	ا	ذ	م	ق	م	ف	ل	ن
م	ل	د	ى	ى	ي	ق	آ	خ	ع	ش	ذ	ض	ح	ض	د
و	غ	أ	ؤ	ش	ا	ى	ح	ئ	ي	و	ا	س	أ	م	ص
ع	ط	ل	ت	ؤ	ج	و	غ	ظ	ئ	ظ	ت	ك	ف	ف	و
ة	د	ي	ص	ق	ق	ن	إ	ة	ا	ط	ا	غ	إ	ع	د
ة	ئ	ق	آ	خ	ح	ز	آ	ب	ع	م	ل	و	ض	ق	ج
ل	س	و	ل	ى	ث	ع	ي	ن	ق	ن	ص	م	ش	ت	ح
ص	ف	ح	ة	ت	ا	ر	ي	خ	ي	م	ل	ؤ	ز	ع	ئ
ر	و	ح	ا	ل	د	ع	ا	ب	ة	غ	ة	ل	ة	ذ	ر
ا	ل	ا	ز	د	و	ا	ج	ي	ة	ا	م	ف	خ	ذ	ا
و	خ	ى	م	ق	ص	ة	ج	و	ئ	م	ر	ب	و	ب	ق
ج	ج	ص	ئ	خ	ك	ة	ي	ا	و	ر	ح	إ	د	ذ	ة
ن	ب	ب	و	ش	ع	ر	ع	ر	ت	ة	م	ل	ظ	ع	غ
آ	ؤ	ش	ظ	ي	م	ج	ا	ل	ذ	إ	إ	ل	م	م	ث
د	ب	و	ض	ب	ص	س	ن	ا	ئ	ب	خ	ن	ط	ص	ض

الراوي
رواية
صفحة
قصيدة
شعر
قارئ
ذات الصلة
قصة
مأساوي
مكتوب

مغامرة
مؤلف
مجموعة
سياق الكلام
الازدواجية
ملحمة
تاريخي
روح الدعابة
مبدع
أدبي

6 - Meditation

ط	ص	ا	ص	ص	ج	إ	م	و	ح	ث	ظ	ش	ة	آ	ط
ط	ب	ص	ر	ك	ش	خ	ذ	ت	آ	ج	ز	ل	خ	ظ	ب
ا	ل	ع	ا	د	ا	ت	ع	ا	ى	س	ز	ن	ح	ب	ي
ه	و	ئ	ك	ك	ة	ص	ح	ئ	ى	ك	و	ت	ر	ق	ع
د	ب	ث	ف	ج	آ	ط	س	ع	ف	س	ت	و	ك	م	ة
و	ق	ى	أ	ت	ج	ث	ت	ز	ط	ؤ	و	ح	ة	خ	غ
ء	ض	ب	ض	د	ض	ق	س	ت	ا	ف	ض	ا	ص	ؤ	ب
ا	م	ا	ل	م	ن	ظ	و	ر	و	ف	و	ب	ث	د	ص
إ	ل	د	ب	ا	م	س	ح	ة	ع	ذ	ح	ب	ب	ؤ	ؤ
ل	ع	ت	ط	ل	آ	س	ة	ح	ل	ى	ز	ث	آ	ا	ز
ط	ت	غ	ن	س	ى	ح	ت	ا	ا	م	ص	ر	ض	ل	ت
ى	ي	و	ؤ	ف	ض	ظ	ع	ي	ل	ق	ع	ي	س	ل	ا
ى	ل	ط	ض	ز	س	ة	ج	ى	ق	ي	س	و	م	ط	ل
ؤ	آ	س	ي	م	ل	ح	ن	ك	ع	ظ	ي	ث	ؤ	ف	ص
ب	ت	ز	ق	ح	ي	ئ	غ	ؤ	غ	ف	ا	ئ	ؤ	ذ	م
ئ	ض	ض	ق	ث	ا	ف	ك	ط	ج	ز	ت	ع	ؤ	آ	ت

عقلي
عقل
حركة
موسيقى
طبيعة
سلام
المنظور
الصمت
أفكار
ليتعلم

قبول
مستيقظ
التنفس
هدوء
وضوح
عطف
العواطف
شكر
العادات
اللطف

7 - Days and Months

ض	س	ى	ف	ع	غ	ي	ا	ت	ة	ك	ن	خ	د	و	ا
ت	ن	أ	ب	ر	ي	ل	ق	ق	ت	د	ث	و	ق	آ	ح
ز	ة	ب	ف	ض	أ	ث	م	و	ت	ب	س	ل	ا	ي	ظ
ص	ح	ش	ه	ر	ي	و	ل	ي	و	ج	ق	م	ى	آ	ط
ئ	ز	ا	ب	ى	ب	ن	ظ	م	غ	خ	ا	ن	ذ	س	ز
ى	ح	ع	ؤ	و	ن	و	ف	م	ب	ر	د	ح	أ	ل	ا
ف	ا	و	ئ	ت	إ	ذ	ؤ	م	س	ر	ب	م	ت	ب	س
ء	ص	ب	ب	ك	ل	و	ي	إ	ن	ي	ن	ث	ا	ل	ا
ا	ة	س	ة	أ	د	ى	ل	ا	د	ر	ي	ا	ر	ب	ف
ث	ن	أ	د	ز	ت	غ	ل	ح	ر	ى	ر	ي	ا	ن	ي
ا	خ	ب	ذ	و	ي	ج	ئ	ط	ظ	ؤ	ع	ب	ذ	ز	ي
ل	ب	ا	ل	خ	م	ي	س	ط	س	غ	أ	غ	ت	ف	ح
ث	د	س	غ	ع	ك	و	آ	ث	ت	ة	ة	ن	غ	ق	م
ل	ن	ث	ة	ث	ؤ	ب	ح	ك	ذ	ذ	ا	ص	غ	ا	ئ
ا	إ	ى	ص	ى	ت	م	ك	ة	ز	غ	ص	ع	ش	ن	ث
م	ا	ش	غ	ؤ	إ	ا	ض	غ	ا	ض	ل	ت	س	ي	د

أبريل
أغسطس
تقويم
فبراير
الجمعة
يناير
يوليو
مارس
الاثنين
شهر

نوفمبر
أكتوبر
السبت
سبتمبر
الأحد
الخميس
الثلاثاء
الأربعاء
أسبوع
سنة

8 - Energy

ص	ك	ه	ر	ب	ا	ئ	ي	ع	ح	ب	ن	ظ	آ	ر	ا
ن	ن	آ	ا	إ	غ	ش	و	ى	ر	ي	ي	و	ح	ت	ل
ا	م	ح	ر	ك	ي	ة	ا	ق	ع	ئ	ج	غ	و	ة	ت
ع	ؤ	ي	ئ	ا	ر	ا	خ	ب	و	ة	و	ظ	ي	ي	ل
ة	ل	ر	ك	ا	ق	آ	ز	ض	ة	د	ر	ئ	ل	ر	و
ف	و	ت	و	ن	ا	ل	ط	ل	ج	ي	د	ط	ض	ا	ث
ب	ن	ز	ي	ن	د	ط	ى	ر	ح	د	ي	د	ض	ط	ك
م	ص	س	ر	ز	ر	ا	آ	ج	ب	ج	ه	ط	و	ب	ت
إ	ع	ق	ل	ا	ع	غ	م	ف	ل	ت	غ	ا	ز	ل	ث
ظ	ل	ز	ي	د	ل	آ	ج	ب	ث	ل	ح	ج	ص	ا	ح
ؤ	ف	ك	ة	ص	ي	ظ	ب	ع	ذ	ل	ب	ج	ى	و	ب
ك	ص	ذ	ت	ظ	ج	ت	خ	ع	ث	ل	خ	ي	و	د	ف
ر	ح	ظ	م	ر	ق	ت	ا	ن	ي	ب	ر	و	ت	ل	ا
م	ؤ	ذ	ط	غ	و	ة	ذ	ة	ج	ا	ك	ط	ح	ز	ي
ل	ق	ز	ؤ	إ	و	ن	ب	ز	ؤ	ق	آ	ت	ص	ؤ	ص
ح	ر	ا	ر	ة	ف	ي	ق	ج	د	ب	ك	ر	ب	و	ن

هيدروجين
صناعة
محرك
نووي
فوتون
التلوث
قابل للتجديد
بخار
التوربينات
ريح

البطارية
كربون
ديزل
كهربائي
إلكترون
غير قادر علي
بيئة
وقود
بنزين
حرارة

9 - Chess

ت	أ	ل	ذ	ب	ع	ف	ك	ف	ز	ض	آ	م	ب	ض	م
ث	ب	ف	ي	ك	ذ	خ	ئ	ح	م	آ	ص	ص	ؤ	ط	ل
ك	ا	ي	ق	ت	د	ا	ة	ى	ل	ض	ى	و	ث	ا	ل
ى	ض	ؤ	ؤ	ق	ع	و	و	ة	ر	ل	ط	ط	ب	ل	ص
ض	ؤ	ف	إ	و	غ	ل	ض	ي	س	ض	ؤ	ج	ى	ت	ف
ن	ي	ط	ث	ل	خ	ز	م	ح	آ	ف	إ	ى	ز	ح	ي
م	ل	ك	د	ا	ي	آ	ص	ض	د	ع	ا	و	ق	د	ك
ب	ل	ا	ط	ج	م	آ	خ	ت	و	و	ل	ن	ك	ي	غ
ؤ	غ	ل	ص	ن	ي	إ	ل	ث	س	ق	ن	ج	م	ا	ذ
ب	ه	ك	ث	ي	ا	ت	ا	خ	أ	ط	ق	ب	خ	ت	غ
ل	ب	ط	ى	ت	ف	ع	ج	ب	ب	ر	ا	ف	ا		ع
ب	ع	خ	ر	ع	و	س	ى	ع	ش	ي	ط	ز	ة	د	خ
م	ل	ك	ة	ي	ج	ي	ت	ا	ر	ت	س	إ	آ	ا	س
ظ	ش	ع	م	ب	ن	ي	ل	ل	م	ج	ه	و	ل	ش	ح
د	ث	ح	غ	ج	ي	ت	د	د	ح	ع	و	غ	ن	آ	و
ؤ	م	س	ا	ب	ق	ة	ك	س	غ	ة	ت	ص	ج	ة	ؤ

أسود
التحديات
بطل
ذكي
منافسة
قطري
لعبه
ملك
الخصم
مبني للمجهول

لاعب
النقاط
ملكة
قواعد
تضحية
إستراتيجية
الوقت
ليتعلم
مسابقة
أبيض

10 - Archeology

ق	د	م	ن	ح	ع	د	خ	ص	ا	ن	إ	ص	ذ	ا	م
غ	ي	ر	م	ع	ر	و	ف	ب	م	ل	ث	س	ب	ئ	ص
د	ح	ظ	ئ	ذ	د	ض	ا	ل	ي	ل	ح	ت	ل	ب	ا
ب	ذ	ئ	ؤ	ث	ص	ت	ج	ك	ي	ر	ا	ض	ن	ي	ك
ع	ظ	ا	م	ئ	ز	ف	ف	د	ق	ي	ب	ؤ	ا	ي	ل
م	ف	ئ	ك	ا	ح	غ	ن	س	ت	ا	ت	ف	ف	ر	ؤ
ة	آ	ب	ت	ص	ز	ؤ	ج	ة	خ	ب	د	ل	ا	ص	ة
ع	ي	ش	ى	ي	ش	ة	ف	ع	غ	ق	و	ؤ	ث	ع	ك
غ	ر	ت	ث	آ	ض	ظ	ا	ظ	ا	ا	آ	ة	ؤ	ن	د
ل	غ	ز	ذ	ع	ة	ئ	ل	آ	و	ي	ق	د	ي	م	ى
ض	ل	غ	ؤ	ص	غ	ك	ك	ف	ش	ا	ف	آ	ح	ب	ئ
ط	ل	د	ح	ك	د	خ	ا	ر	ب	ق	و	ت	ط	ر	ر
ا	ل	ن	ت	ا	ئ	ج	ئ	ي	ح	ف	ر	ي	ة	ش	ت
س	ى	ش	إ	ث	خ	ع	ن	ق	ث	ا	د	س	ن	س	ي
ر	ض	ؤ	ن	ف	م	ف	ا	ح	ص	ط	ف	ن	م	س	س
ل	ئ	م	ف	ص	ق	ك	ت	ن	ش	م	ش	م	س	ص	خ

حفرية
فتات
لغز
الكائنات
بقايا
باحث
فريق
معبد
قبر
غير معروف

تحليل
قديم
عظام
الحضارة
سليل
عصر
تقييم
خبير
النتائج
منسي

11 - Food #2

ب	ش	ك	ل	ط	ت	ب	ن	ش	ح	ا	و	آ	ص	ت	م
ى	ة	ر	ط	ف	م	ا	ج	ن	ط	ض	ر	ط	و	ش	ش
م	ع	ف	ع	ن	ث	ش	ص	ى	ل	ج	ط	ة	ا	ن	ا
و	ل	س	ج	ت	ض	ص	ن	ص	ل	ذ	آ	ا	غ	م	د
ز	خ	إ	ن	س	ع	ى	د	ذ	ش	ؤ	إ	ى	ت	إ	ز
ك	ة	ى	ج	آ	ؤ	خ	ز	م	م	ن	ب	ت	ز	ؤ	ش
ن	ا	ج	ن	ذ	ا	ب	ذ	ح	ب	م	س	ف	خ	ؤ	ا
ش	ت	ب	س	ن	ة	ر	ي	ز	ن	خ	ل	ا	م	ح	ل
ك	و	ن	و	ل	إ	د	د	و	ع	ض	ك	ح	ش	م	ط
ح	ا	ك	ى	ز	غ	ن	ا	و	ي	ؤ	ز	ك	س	ق	م
ي	آ	ن	و	أ	ر	ز	ب	ش	ب	ك	ر	ز	م	ئ	ا
ة	ذ	د	ص	ل	د	س	ز	خ	ر	ش	و	ف	ك	غ	ط
ل	ز	ك	آ	ج	ا	ج	د	ب	ر	و	ك	ل	ي	ف	م
ق	ذ	خ	ش	م	ع	ت	غ	ج	ر	آ	ث	ت	ت	ف	ض
آ	م	ة	ق	ع	و	ف	ة	ض	ي	ب	ح	ج	ز	ذ	ع
ؤ	ض	ح	ب	ف	إ	ق	س	ج	س	س	ر	ح	ى	ق	ل

تفاح
خرشوف
موز
بروكلي
كرفس
جبن
كرز
دجاج
شوكولاتة
بيضة

باذنجان
سمك
عنب
لحم الخنزير
كيوي
فطر
أرز
طماطم
قمح
زبادي

12 - Chemistry

ة	ض	د	م	ح	ف	ز	إ	ح	خ	ح	ي	ذ	د	ف	ث
ع	و	ق	ر	ط	ع	ث	ج	ب	ل	ز	ت	م	ى	و	ر
ح	د	ل	ج	ج	ؤ	ؤ	م	ي	ى	ل	ظ	ن	س	ح	ذ
ك	ئ	و	ل	ى	ة	ح	غ	ط	ي	ب	ب	خ	ت	ن	ج
خ	و	ي	ظ	ح	ي	ا	ر	ا	إ	ل	ك	ت	ر	و	ن
ض	ف	ر	ع	ض	و	ي	ل	ى	ز	ث	ر	ض	د	ب	ي
آ	و	ذ	ش	ة	ب	ل	م	ح	ع	ح	م	ح	ؤ	ر	ج
ؤ	ك	ث	ز	ن	و	ك	ي	ئ	ر	ل	ع	ط	ة	ك	س
ع	ل	ا	ن	ز	ي	م	ة	ط	س	ا	ت	ي	ر	آ	ك
و	ز	ر	ي	و	ل	ف	د	ة	ح	ز	ر	آ	ب	ر	أ
ؤ	ض	ا	ج	ث	ي	و	و	ن	م	ر	ت	ة	م	ئ	م
ذ	ا	ع	و	ظ	ض	أ	ش	س	ض	ل	آ	م	ج	ق	ل
ت	ى	ض	ر	ت	ز	ص	إ	ح	ا	ب	ك	ل	و	ر	ح
د	ر	ى	د	س	ا	ئ	ل	ح	ر	ا	ر	ة	ج	ؤ	ج
م	ذ	ج	ي	ر	إ	ص	ب	ض	ط	ر	ك	ف	ؤ	ت	و
ش	م	خ	ه	ز	ث	ن	آ	ب	إ	ي	ض	غ	ي	ة	ي

حمض	هيدروجين
قلوي	أيون
ذري	سائل
كربون	مركب
محفز	نووي
كلور	عضوي
إلكترون	أكسجين
انزيم	ملح
غاز	درجة الحرارة
حرارة	وزن

13 - Music

ط	ج	ك	ر	م	أ	ش	ا	ع	ر	ي	ص	ج	ذ	ر	أ
و	م	ث	ل	أ	ي	ل	ي	ح	ي	ذ	س	ذ	ك	س	و
ئ	و	إ	ش	د	ق	ك	ب	غ	ز	ض	ي	خ	ي	ة	ب
و	ص	غ	س	ا	ي	ى	ر	و	ض	ع	غ	ط	ش	ق	ر
ص	د	ا	غ	ة	س	ز	غ	و	م	ج	ظ	ح	ي	ى	ا
ذ	س	ن	ش	ق	و	ة	ن	د	ف	ؤ	د	ج	خ	ث	ب
م	ص	س	ب	و	م	خ	ا	ظ	س	و	ث	أ	ي	ظ	آ
ط	ق	ج	ص	ج	ل	ي	ئ	ص	ر	ق	ن	غ	ت	ع	ى
ث	آ	ا	ص	و	ت	ي	ي	م	ث	خ	ق	ن	س	ش	ش
ي	ر	م	ض	س	ف	ص	ة	ي	ى	ظ	س	ي	ج	ح	ي
ش	ت	ل	ن	إ	ك	ل	ا	س	ي	ك	ي	ة	ي	غ	ا
ب	ل	ز	ح	ط	ي	ئ	ا	ق	ت	ن	ا	ف	ل	إ	ة
ث	ئ	ز	ي	ذ	ن	ق	س	ا	ن	ت	م	س	د	ي	ذ
ن	ا	ل	م	غ	ن	ي	ا	س	ا	ب	ت	ن	ت	ق	م
ع	ض	ش	ر	إ	ج	و	ي	ع	ت	ط	ؤ	ئ	ؤ	ا	ث
غ	ن	ى	ف	ب	ظ	ص	غ	إ	ي	ل	ح	ن	ؤ	ع	ط

ألبوم
أغنية
جوقة
كلاسيكي
انتقائي
متناسق
انسجام
أداة
غنائية
لحن

ميكروفون
موسيقي
أوبرا
شاعري
تسجيل
إيقاع
إيقاعي
غنى
المغني
صوتي

14 - Family

ف	ع	ش	ق	ز	ق	ح	ن	ل	ث	ا	ب	ن	أ	خ	س
خ	ظ	ق	ع	ط	ف	ن	ا	ة	ن	ب	ا	ب	خ	ت	ئ
ة	ي	ي	ش	ي	ط	ف	ل	ق	ز	ي	ن	ك	ج	ج	ذ
م	ن	ق	د	ح	ع	ي	أ	خ	ت	ة	إ	ض	ض	ئ	ت
ز	ة	ح	ع	ا	ل	ع	م	ز	خ	و	ح	س	ف	غ	ل
و	غ	غ	ا	ة	ل	و	ف	ط	ل	ا	ة	ل	ح	ر	م
ج	ض	ك	ب	ص	ؤ	ش	ح	ة	ش	ة	م	س	ؤ	ع	ي
ة	م	أ	ن	ز	ن	ق	ك	ت	ع	ن	ع	إ	ر	ز	ز
آ	غ	ث	ع	ر	و	ي	ش	س	ف	و	ؤ	م	ة	ث	س
س	آ	ث	م	ل	ا	ف	ط	أ	ل	ا	ظ	ز	ظ	ق	ف
ع	ر	ص	ذ	ن	ك	ك	ؤ	ت	ك	ا	ح	و	ظ	إ	ر
ت	خ	و	ئ	ز	س	ش	م	ك	ظ	ة	غ	س	إ	ك	ق
ث	ض	ش	س	ص	ل	إ	ة	ج	ى	ظ	ل	ز	ح	ك	ق
د	إ	ر	ث	ل	ف	ش	د	ب	أ	ل	ا	ض	خ	غ	ل
ق	ة	س	ا	ل	ز	و	ج	ؤ	ؤ	ف	ص	ح	ش	ئ	ؤ
ض	ك	م	ا	ذ	و	ى	د	ب	ق	و	ا	خ	ق	د	ت

جدة
حفيد
الزوج
الأم
أم
ابن أخ
الأب
أخت
العم
زوجة

سلف
عمة
شقيق
طفل
مرحلة الطفولة
الأطفال
ابن عم
ابنة
أب
جد

15 - Farm #1

ع	ذ	إ	ى	ة	ث	ة	ل	ع	ح	ر	خ	س	ت	ث	غ
ؤ	ب	ن	ا	ظ	ى	ط	ح	ج	ى	ر	ك	م	ب	ا	ظ
ج	ن	ئ	ى	إ	خ	ى	ز	ل	ح	و	ف	ا	ن	ف	ة
ع	ا	غ	غ	ص	ت	ف	غ	و	ط	ي	ح	ء	ض	ط	ي
م	ؤ	ع	ص	ع	آ	ظ	ف	ة	ق	م	ل	د	ض	ص	د
ح	آ	ة	ئ	ؤ	ف	ق	ن	د	ب	و	ف	ا	إ	ق	ؤ
ي	م	ع	ش	إ	ع	ة	ش	ج	ق	ا	ذ	م	ن	ك	ط
أ	ن	ا	ص	ح	ث	ئ	ب	ا	ر	غ	ع	س	ل	و	و
ذ	ر	ر	ر	و	ث	ل	ا	ج	ة	ا	ف	ي	ق	ث	ص
م	و	ز	م	ا	ع	ز	ي	خ	ل	د	ع	ب	ح	غ	ي
ع	ذ	س	ة	ن	ئ	ئ	ك	ض	ح	ر	ش	ذ	ي	ق	ز
ا	ب	ص	إ	ث	ظ	ش	ل	ة	ن	ئ	م	ب	ن	ئ	ط
ب	س	ر	ى	ث	ذ	ط	ب	ا	د	ر	ب	ص	ش	د	ث
ى	ي	إ	ؤ	ق	ن	ك	ن	ع	ر	ذ	ف	ل	ع	س	آ
إ	ا	آ	ى	س	ظ	ص	ر	ذ	ن	ب	آ	غ	ج	ظ	د
ى	ج	ض	ر	ا	ا	ج	آ	ؤ	ب	د	ج	ن	ن	ي	ع

زراعة
نحلة
الثور
عجل
قط
دجاج
بقرة
غراب
كلب
حمار

سياج
سماد
حقل
ماعز
تبن
عسل
حصان
أرز
بذور
ماء

16 - Camping

ن	ت	إ	إ	أ	م	ح	ر	م	ق	ش	د	خ	ص	ئ	ق
د	ط	ر	ظ	ق	ر	ش	ش	ك	ق	ر	ي	ف	ث	ج	ف
م	غ	ا	م	ر	ة	ج	ر	ر	ب	و	ص	ل	ة	ذ	خ
ط	م	ج	ظ	و	ر	ك	و	ر	ة	ى	ل	ب	ط	خ	ى
ب	ض	ش	ل	ز	ي	ر	ة	ح	خ	ر	ا	ح	ي	ى	ي
ي	ر	أ	ح	ل	ح	ئ	ض	آ	ة	ع	ب	ق	ر	ا	ن
ع	و	ل	ف	ا	ب	غ	ا	ب	ة	ذ	ح	ج	خ	ي	ة
ة	خ	ا	ب	إ	ئ	ذ	خ	ئ	ى	ك	س	ؤ	ص	ب	ق
ا	ب	ؤ	ك	ق	ر	ن	ق	ط	ص	ر	ك	ك	ؤ	ك	آ
ت	ل	ا	ل	ح	ي	و	ا	ن	ا	ت	ي	و	ؤ	ك	ؤ
ف	ب	م	ر	و	ض	ن	ة	ى	غ	ض	ك	ل	ز	ع	ش
س	ج	ز	ق	إ	ح	خ	م	ا	ت	ك	ي	م	ح	خ	م
ن	ق	ل	ت	ص	ة	ا	ب	ل	ق	ظ	ك	ح	ر	ي	ق
ص	ب	ث	ي	ف	و	م	س	ص	ض	ز	ل	ة	ف	م	ئ
ت	ث	ص	و	غ	ق	ر	م	ق	آ	ز	ع	ق	غ	ة	ي
ى	ج	ط	ر	ق	ن	ذ	ة	ث	و	ع	غ	ى	إ	ط	ج

الصيد
حشرة
بحيرة
خريطة
قمر
جبل
طبيعة
حبل
خيمة
الأشجار

مغامرة
الحيوانات
المقصورة
الزورق
بوصلة
نار
غابة
مرح
أرجوحة
قبعة

17 - Conservation

ف	ا	ر	ض	خ	أ	ذ	ج	ن	د	ذ	ش	آ	ت	ذ	ص
س	ل	ج	ف	ن	ع	د	ت	و	م	س	ت	د	ا	م	ر
ئ	ن	س	خ	ذ	ط	ر	ر	ز	ث	خ	ئ	س	ل	ح	ر
د	ظ	ذ	ض	خ	خ	ة	ق	آ	آ	خ	س	ق	ص	و	ي
ظ	ا	ي	ئ	ط	ذ	ؤ	ج	ك	و	إ	غ	س	ح	ض	و
ز	م	ف	ث	ئ	س	ب	ل	ي	ع	ي	ب	ط	ة	ج	د
ض	ا	ت	م	ي	ل	ع	ت	س	ي	ي	ذ	ر	ش	ف	ت
ش	ل	ب	ج	ل	ت	و	ء	ا	م	ض	ش	ع	ة	ك	ل
ف	ب	ل	و	ك	آ	ج	ت	ا	ر	ي	ي	غ	ت	ل	ا
م	ي	م	ل	د	ع	م	د	ن	ق	و	ؤ	ل	ة	م	ة
ن	ئ	ت	م	و	ا	د	ك	ي	م	ي	ا	ئ	ي	ة	د
ا	ي	ط	ة	ط	ل	ب	إ	غ	ي	ل	ص	و	ع	خ	ا
خ	ل	و	ع	م	ب	م	ن	خ	د	غ	ث	م	ض	ض	ع
ض	ى	ع	ق	إ	ي	ص	ج	س	ا	ل	ت	ل	و	ث	إ
ز	ف	خ	ل	ث	ئ	خ	ل	ؤ	ا	ب	ط	ا	ي	ي	ل
آ	ن	ش	ق	ض	ة	ت	ا	ف	آ	ل	ا	د	ي	ب	م

الصحة
طبيعي
عضوي
مبيد الآفات
التلوث
إعادة التدوير
خفض
مستدام
متطوع
ماء

التغييرات
مواد كيميائية
مناخ
قلق
دورة
النظام البيئي
تعليم
البيئة
أخضر
الموئل

18 - Algebra

ن	ث	ص	ظ	د	ئ	ق	ظ	آ	م	ا	ظ	ج	ي	م	أ
ض	ك	خ	و	ى	و	د	س	ع	ع	ة	ة	ص	ج	ق	س
خ	ت	ط	إ	س	ض	ث	ج	س	ا	ن	ف	م	ز	ر	ظ
ك	م	ي	ة	ض	إ	ع	غ	ب	د	ى	و	و	ف	ف	ص
ة	ة	ت	ف	د	و	ث	ف	د	ل	ع	ف	ة	ث	ص	ش
م	ب	ظ	ص	خ	ف	ن	ض	ل	ة	ذ	ص	ل	م	ا	ع
ت	ب	س	ي	ط	و	ؤ	ج	ق	ز	ذ	م	ك	ع	ظ	ش
ج	ك	ز	ض	أ	ي	آ	ق	ش	د	ؤ	ا	ش	إ	ث	ى
ي	ن	ا	ي	ب	ل	ا	م	س	ر	ل	ا	م	ف	ج	ي
ف	خ	ؤ	ئ	ج	ى	ؤ	ت	غ	ة	ص	ت	ق	ز	س	ن
ؤ	خ	و	ا	غ	إ	ح	ر	ط	ل	ا	ص	ء	ن	غ	ا
ز	ز	خ	ه	ك	آ	ئ	ج	س	ظ	ى	ق	س	ج	غ	ي
إ	ج	ئ	ن	ف	ى	ح	آ	ن	ث	ى	خ	ف	ز	ض	ب
ن	ة	غ	ا	ث	س	ع	ظ	ب	إ	ذ	ر	ي	غ	ت	م
س	و	خ	ل	خ	ص	ن	ن	ف	ئ	م	ط	ة	ؤ	ة	س
ر	ؤ	إ	ع	خ	ز	ط	ك	ر	ج	ذ	ل	غ	ل	ح	ر

رقم
قوس
مشكلة
كمية
تبسيط
حل
الطرح
مجموع
متغير
صفر

رسم بياني
معادلة
أس
عامل
خطأ
جزء
الرسم البياني
لانهائي
خطي
مصفوفة

19 - Numbers

س د أ ر ب ع ة ع ش ر ي س آ ث خ ا
ث م ا ن ي ة ع ش ر ج ب د م ظ م ث
إ ص س ت ة ع ش ر غ ع ئ ا آ ج ض ن
ت س ظ ن ع ؤ ز ي ة و ن ف و ا ع ا
د ح ا و ب ر ش ع آ ي ث ص ش ج ص ن
آ ت ع ر ر ة ش إ ة ح ل ة د س ص ض
ظ ة ة ش أ ر آ ك ع ج ا غ ة س ت و
آ م ض ع ع غ ظ ف ق ي ث ؤ ر ى ل ت
ض ح ن ؤ ة ح م ث ت ا ة غ ج ج آ ص
ق ت ى ة ر ش ع خ و خ ح ع م ذ ا ص
آ ز ؤ ت ش ب ز م ئ ر ة ب ى ش ث ت
ب ص ق س ع ش خ س ت ى ئ ة ا ف ذ ك
ف آ ز ب ة ب خ ة س ج ل ف ب غ و ذ
ى ئ ز ع ع م ؤ ع ع ر ش ع ا ن ث ا
ن ا ا ة س ذ غ ش ة ث ث و ف ط ز ص
ق ا ز ة ت ت ز ر ر ش ع ة ث ا ل ث

سبعة
سبعة عشر
ستة
ستة عشر
عشرة
ثلاثة عشر
ثلاثة
اثنا عشر
عشرون
اثنان

عشري
ثمانية
ثمانية عشر
خمسة عشر
خمسة
أربعة
أربعة عشر
تسعة
تسعة عشر
واحد

20 - Spices

م	ض	ج	ن	ا	ئ	ط	ا	ك	ط	و	ا	غ	ح	ك	ى
غ	غ	ح	ك	ك	ة	ل	ل	ي	ب	ج	ن	ز	ب	ئ	ك
آ	ظ	ب	ه	ض	ش	ح	ر	ق	إ	ن	و	غ	ا	ر	آ
ح	ص	ص	ة	م	م	ا	ا	ا	ث	و	م	غ	ل	ؤ	ك
غ	ض	ل	ر	ز	ك	م	ل	و	ا	س	ك	آ	ه	ؤ	ض
ص	ت	ة	ف	خ	م	ح	ي	م	ل	ن	ح	ي	ا	ذ	ة
ز	ل	غ	م	ذ	ل	ض	ن	ل	ق	ا	ب	ى	ل	ش	ض
ض	خ	ذ	ر	ب	ة	ش	ا	ح	ر	ي	ف	م	ن	ت	و
ت	ا	ج	ة	ف	ط	ك	ف	ق	ن	ل	ص	ج	ا	ع	ؤ
ذ	د	ي	ؤ	ل	ر	ز	ر	غ	ف	ا	ج	ة	ر	ى	م
ع	ع	ج	ح	ف	ص	ب	ج	ة	ل	ى	ح	ف	ف	ش	ن
د	ة	ذ	ض	ل	ق	ر	ض	ة	ق	ئ	ع	د	ع	ل	ش
د	إ	و	ل	أ	ر	ة	ب	ي	ط	ل	ا	ة	ز	و	ج
ف	ق	ؤ	د	ح	ف	ر	ف	ذ	ث	ق	ل	ق	ز	إ	ث
م	ظ	ب	ب	م	ة	ر	ة	ؤ	ي	ق	ع	ص	و	ص	ئ
و	ل	ح	و	ر	ز	ت	د	ق	ب	م	غ	ح	ش	ث	ص

نكهة
ثوم
زنجبيل
جوزة الطيب
بصل
فلفل أحمر
زعفران
ملح
حلو
فانيلا

اليانسون
مر
حب الهال
قرفة
القرنفل
كزبرة
كمون
كاري
الشمرة
الحلبة

21 - Universe

غ	م	ع	س	ا	ظ	آ	ء	ا	م	س	ة	ف	ذ	ل	د
ظ	د	س	س	ط	ض	ر	ع	ل	ا	ط	خ	ل	ف	ج	ذ
ر	ظ	ل	ا	م	ظ	ة	ع	ك	ل	ف	ا	ك	ا	د	ح
ا	ل	ا	ن	ق	ل	ا	ب	و	ط	ء	خ	ي	آ	م	ج
ز	ب	ظ	ذ	ز	ط	ك	غ	ي	و	ا	م	س	ز	ئ	إ
ك	ذ	ش	ى	ف	أ	ح	ض	ك	ك	و	ض	م	ت	ص	ل
م	ط	و	خ	ئ	ن	ف	ط	ب	ل	ت	خ	ش	ا	ت	ى
ج	ر	ن	ا	ش	ظ	ن	ق	ج	ف	س	ز	ق	ب	ب	د
ن	ث	ئ	خ	ط	ا	ل	ط	و	ل	ا	ط	ب	ب	ذ	ت
س	م	ش	ي	و	ج	ل	ا	ف	ا	ل	غ	ل	ا	س	ر
ا	ل	ب	ر	و	ج	خ	آ	ج	م	ا	ك	ن	م	ى	ر
م	ق	ر	ا	ب	ة	ت	ذ	ث	ل	ط	و	ذ	آ	إ	ق
ل	ت	ة	ئ	ض	ئ	ة	ة	ل	ع	خ	ن	و	ص	ك	ر
آ	و	ئ	و	س	غ	ظ	إ	ف	ج	ن	ي	ق	ي	ق	ى
ح	ز	ى	ل	ة	غ	ر	ؤ	ح	ب	ل	و	و	ك	م	ل
ر	ح	ؤ	د	ى	و	س	ن	خ	ف	ف	ن	د	ش	ر	ق

الكويكب
فلكي
علم الفلك
الغلاف الجوي
سماوي
كوني
ظلام
خط الاستواء
أفق
خط العرض

خط الطول
قمر
فلك
سماء
شمسي
الانقلاب
مقراب
إمالة
مرئي
البروج

22 - Mammals

ش	غ	ش	ع	ي	ب	ي	أ	ث	ض	ح	ط	ق	ف	ى	ذ
د	ر	ق	س	م	و	ر	ل	ا	ذ	م	ف	ط	و	ئ	ئ
ة	ل	ت	و	ح	ن	و	ي	ل	ت	ا	ل	ب	ك	ل	ب
ف	و	ر	خ	ب	ؤ	ث	ح	ف	ص	ر	د	م	خ	م	غ
ا	ي	و	ق	ز	ق	ل	ش	ي	س	و	ن	ق	ئ	ح	ظ
ر	ز	س	ن	غ	و	ر	ي	ل	ا	ح	ز	ض	د	ت	ث
ز	و	آ	ة	غ	ش	ص	ز	ض	ف	ش	ك	و	ك	ي	ن
ي	ش	ح	ى	ة	ز	ن	ف	ف	و	ي	ل	ر	م	ذ	ر
ف	ث	ص	م	ج	س	ك	و	ف	ت	ف	ق	ص	ر	إ	غ
آ	ي	ص	ى	ظ	ن	ة	ص	غ	ي	ر	ص	ع	ت	ض	ب
ؤ	م	م	و	ك	أ	ب	غ	ن	ز	خ	ع	ر	ى	س	ئ
ز	ؤ	د	ت	س	ر	غ	ن	ك	ص	ش	ا	ر	ح	خ	آ
ف	ح	ش	د	م	م	ق	ص	ز	إ	إ	ذ	خ	ص	إ	ف
خ	ص	ح	ب	ك	ض	غ	ة	ص	ت	ؤ	ن	ك	ي	ح	ط
ت	ا	خ	ن	ب	ك	ي	ر	ا	ر	ب	ل	ا	ب	ئ	ذ
آ	ن	ط	ف	إ	ج	ق	ذ	ى	ج	ة	ؤ	ك	ث	ز	ز

غوريلا
حصان
كنغر
أسد
قرد
أرنب
خروف
حوت
ذئب
حمار وحشي

يتحمل
سمور
ثور
قط
ذئب البراري
كلب
دولفين
الفيل
فوكس
زرافة

23 - Restaurant #1

ئ	ب	ن	ح	ك	ة	ص	ل	ص	ة	م	ع	ر	ة	ئ	ض
ج	ذ	س	س	ذ	ن	آ	ق	ى	ل	س	غ	ن	ف	ة	ر
ش	ص	ر	ا	ف	ا	ق	ج	ح	د	ك	س	و	ف	ث	ج
ط	ح	ا	س	ص	ا	ا	م	ع	ا	ي	ز	غ	ض	ي	ط
ن	ص	ي	ي	ق	خ	ئ	ا	آ	ن	ن	م	ص	ر	ت	ظ
ك	ل	ش	ة	ع	ب	م	ع	ف	ك	إ	ن	ا	ص	ض	ز
آ	س	ح	ط	ص	ز	ة	ط	ص	ح	ص	ى	ج	ص	ف	غ
ر	ق	ح	ب	م	ا	ع	ط	ل	ا	ل	و	ا	ن	ت	ل
ج	ش	ج	ق	ق	ت	ا	ن	و	ك	م	ل	ج	ل	ع	ظ
ق	ل	ز	ث	ن	ء	ا	ع	و	ح	ة	ح	د	س	ط	م
ب	ؤ	ن	ط	د	ر	ؤ	ل	س	ا	خ	ك	ة	م	ن	ب
ث	م	ت	ب	ص	ي	ا	ص	ف	ر	ق	ك	ط	د	ذ	آ
ط	ص	ح	ث	ؤ	ي	ئ	ن	ط	ه	ص	غ	ي	إ	ث	إ
ح	ظ	ع	د	ك	ج	ت	ط	و	ز	ر	ل	م	ط	ك	ع
و	خ	ب	ط	م	ذ	ص	ة	ى	ر	و	إ	ر	ن	ذ	ق
ج	ى	ذ	ر	ح	و	س	ح	ض	ي	ز	آ	ذ	ث	ذ	إ

سكين
لحم
قائمة
منديل
طبق
حجز
صلصة
حار
لتناول الطعام
نادلة

حساسية
وعاء
خبز
صراف
دجاج
قهوة
حلوى
طعام
مكونات
مطبخ

24 - Bees

إ غ و ج ف ر ع ص و ط ع ا م ق غ س

ز د د ف ز ف ث ة ر ش ح ل ف إ ك ص

ب ح ف ض ؤ ف ئ ؤ م ع ن م ي س آ ف

ا ح ذ آ ز ت ا ت ا ب ن ل د خ ف ا

ر م آ ك ؤ ة ذ ا ذ س ى ق ع ة ئ ل

ك ح ي خ ش ض ح آ س ت ن ح ص خ د ن

ص ا ش ع آ ح ع ي ت غ ح ا ح ن ط ظ

س ؤ ن س ث ي ت ل ح د ى ت و آ ج ا

ر ص م ل ف ؤ ك ئ ي ر ط ث و إ ل م

ب ش م ل ك ة ن ق ث ث د ة غ ع ئ ا

ج إ ق ن ف ي ة ع و ن ت ي ط ث و ل

غ ظ غ ا ا ل ز ه و ر ه ز ى ذ م ب

ش ق ك خ ي خ ط غ ت ا ث ح ا ق ل ي

ك ه ش د ف خ ى ذ م ق ب خ ط ف ا ئ

ة ث ض غ ط ا آ ى ق ؤ ج ر ط س س ي

ؤ ك و إ ك ؤ ا ق ع ض ل م ع م ش ى

عسل
حشرة
نباتات
لقاح
الملقحات
ملكة
دخان
شمس
سرب
شمع

مفيد
زهر
تنوع
النظام البيئي
الزهور
طعام
فاكهة
حديقة
الموئل
خلية

25 - Weather

ش	إ	ف	ي	ن	م	ظ	ج	ل	ي	د	س	ك	غ	ئ	ج
ؤ	ع	ح	ز	ق	س	و	ق	ب	ب	ر	ق	ح	ط	ف	ض
ح	ص	ا	ل	غ	ل	ا	ف	ا	ل	ج	و	ي	ا	ا	ذ
م	ا	ض	ض	ل	ا	ق	ط	ب	ي	ة	ع	ف	ض	ج	آ
ك	ر	ق	ب	ظ	ظ	ن	س	ض	ن	ا	ت	ض	ف	س	ن
ى	ت	ج	ة	ب	ا	ح	س	ل	ف	ل	ق	ل	م	ض	ذ
ح	آ	ى	ا	ذ	ض	ي	ح	ا	إ	ح	ص	ا	ن	آ	إ
آ	ن	ذ	خ	ض	ر	ر	ب	د	ف	ر	ء	ل	س	ث	ظ
ك	ا	ع	ا	س	ت	و	ا	ئ	ي	ا	م	ر	ي	ذ	ي
ئ	خ	ؤ	إ	ض	ش	ف	ض	ج	ض	ر	ة	ؤ	م	ت	ه
ك	ق	ن	ج	ق	ص	ع	ج	ك	ا	ة	م	آ	إ	د	آ
ت	ث	ك	غ	ف	ط	ا	ك	و	ن	ذ	خ	آ	و	آ	ح
ن	ا	ص	ئ	ق	ن	ص	د	ع	ر	ل	ا	ء	آ	خ	ئ
ر	ا	ق	ت	ؤ	غ	ف	ط	ك	ث	ع	ن	ز	ش	ا	ش
ئ	ر	د	ؤ	ا	ق	ة	ش	ظ	غ	ق	م	ي	ف	ح	إ
ئ	ن	خ	ب	غ	ط	س	ظ	ظ	ل	س	ح	ب	ى	ى	ص

برق
قطبي
قوس قزح
سماء
عاصفة
درجة الحرارة
الرعد
إعصار
استوائي
ريح

الغلاف الجوي
نسيم
هدوء
مناخ
سحابة
جفاف
جاف
فيضان
الضباب
جليد

26 - Adventure

ج	ة	ض	ش	آ	ف	ذ	ش	ج	س	ك	ي	إ	ب	م	ؤ
آ	ب	ج	ق	غ	ص	ب	ج	س	ى	ل	ي	ق	ح	س	ظ
آ	ئ	و	ق	س	ف	ل	ا	س	ى	ة	ط	ل	ى	ا	ل
ا	ف	و	خ	غ	ص	و	ع	ر	ا	ذ	ه	ا	س	ر	ت
ل	ض	غ	ل	ي	ة	ك	ة	ث	ل	ا	م	ج	ع	ا	آ
ت	ظ	ذ	ئ	ظ	ت	ذ	ق	ف	ج	س	د	ة	و	ل	ة
ح	ط	غ	ط	ف	ث	ح	ؤ	و	د	ئ	ئ	آ	ت	ر	ظ
د	ة	ة	ب	و	ع	ص	ض	ز	ي	س	ع	ث	ى	ح	ط
ي	أ	ظ	ع	ح	م	ا	س	ي	د	ص	ز	ذ	ش	ل	ص
ا	ج	ة	ك	ي	إ	ف	ظ	ش	ر	ي	ط	خ	ح	ة	ظ
ت	ا	ص	ح	ا	ب	م	ر	ح	ف	ا	ن	ح	ر	ا	ف
د	ف	ر	ظ	ش	خ	ط	ع	ن	ا	ل	م	ل	ا	ح	ة
ر	م	ف	ؤ	ي	د	ا	ع	ر	ي	غ	ظ	ط	ؤ	ى	ئ
ظ	أ	س	ر	ي	ب	ش	ل	ر	ب	خ	ح	ح	ة	و	ئ
إ	م	ك	ئ	ج	ق	ن	ش	ث	ق	ر	ص	ر	ز	آ	ج
ا	ن	ع	ت	آ	ش	ج	و	ق	ظ	ج	د	ن	ك	ج	ف

اصحاب
مسار الرحلة
مرح
طبيعة
الملاحة
الجديد
تحضير
أمن
مفاجأة
غير عادي

نشاط
جمال
شجاعة
التحديات
فرصة
خطير
وجهة
صعوبة
حماس
انحراف

27 - Restaurant #2

ف	و	ص	إ	ح	ص	ى	ن	د	ل	آ	ئ	خ	ف	ض	آ
ذ	و	ة	ط	ل	س	ق	ة	ر	ل	ر	ض	ى	ن	ق	إ
م	ء	ا	ل	م	ع	ك	ر	و	ن	ة	ك	و	ش	ش	ة
ت	و	ا	ب	ل	ك	ر	س	ي	ا	ل	ق	ظ	ذ	ئ	ح
ا	غ	ن	د	د	ي	ل	ج	ن	ب	آ	ت	ش	د	م	ن
و	ش	ي	ئ	غ	ك	د	س	ض	ذ	ي	ذ	ل	ر	ز	غ
ر	ة	ق	ع	ل	م	ا	ن	ظ	ؤ	ص	ض	إ	ش	ا	ؤ
ض	ص	ج	ش	ظ	ق	ن	ئ	ر	ط	ف	ا	ك	ه	ة	م
خ	ق	آ	ا	ق	ب	ل	ص	خ	ل	ق	ذ	ى	ح	ج	س
ك	ذ	غ	ء	ا	م	ا	ش	ئ	ظ	ض	إ	إ	ذ	آ	آ
خ	ج	ح	ا	ع	ؤ	ف	و	ط	س	ط	ظ	ى	غ	م	ث
ب	ق	غ	س	إ	غ	ح	ف	ظ	آ	م	ر	ن	س	ز	ف
س	د	خ	ح	ص	و	ف	د	ى	ث	آ	ج	ج	ب	ى	ق
ض	م	ج	ح	س	ا	ف	ك	م	ض	ف	ب	ض	ؤ	ر	ح
ق	ز	ك	م	ش	ر	و	ب	خ	ض	م	ة	ئ	ك	ش	آ
ر	ب	ع	ئ	م	آ	ذ	ل	د	ا	س	ن	ك	ص	آ	ئ

غداء
المعكرونة
سلطة
ملح
حساء
توابل
ملعقة
خضروات
النادل
ماء

مشروب
كيك
كرسي
لذيذ
عشاء
بيض
سمك
شوكة
فاكهة
جليد

28 - Geology

ف	خ	ز	ص	ك	ه	ض	ب	ة	ع	ا	ح	ر	خ	خ	ط
ع	ي	ظ	ت	ح	ل	م	ن	ت	ا	ج	ت	ا	ر	و	د
آ	و	ا	ى	ل	ز	ح	ز	ة	ر	ل	ش	ل	ر	إ	ض
ح	خ	ل	ق	م	و	ي	س	ل	ك	ل	ا	د	ى	ح	و
ز	ح	م	ا	ض	غ	ا	ل	م	ع	ا	د	ن	ث	ظ	إ
ج	ص	ر	ر	س	م	ط	ب	ك	ظ	ز	م	و	ل	ت	ن
ؤ	ئ	ج	ة	ث	ت	ؤ	ح	ش	ح	ل	م	م	ح	ل	ا
ف	ك	ا	آ	ع	ت	ج	و	م	ب	ز	د	م	ف	ت	خ
ي	س	ن	ط	خ	و	ط	ق	ؤ	ى	ك	ز	ن	آ	غ	س
ة	ي	ر	ف	ح	ش	غ	و	ل	ل	ب	ر	ك	ا	ن	م
ص	ؤ	ز	ن	ئ	ة	ق	ب	ط	ق	ص	ل	ك	ا	خ	س
ؤ	ل	ف	ه	ك	ش	خ	آ	ف	ك	ت	ا	ر	و	ل	ب
ظ	ض	س	ق	ح	ى	ر	آ	ت	ت	ت	و	ق	ح	ؤ	ث
ش	ك	ث	ة	م	ف	خ	ذ	ز	م	ط	ؤ	س	ة	ط	ش
ظ	ش	ح	ص	ل	ر	إ	ك	ا	ر	ج	ض	ث	ك	ى	خ
إ	ح	ز	ع	ع	ج	ى	ؤ	ص	و	ش	إ	ر	غ	آ	ر

سخان
الحمم
طبقة
المعادن
مولتن
هضبة
مرو
ملح
حجر
بركان

حمض
الكلسيوم
كهف
قارة
المرجان
بلورات
دورات
زلزال
تآكل
حفرية

29 - House

أ	ر	ة	آ	ى	ج	ة	ت	د	ن	ش	ئ	م	ض	و	غ
ث	ج	ث	س	ب	إ	ا	و	ز	ا	ر	ا	ك	ذ	س	ش
ا	م	و	س	ج	ق	ح	خ	ع	ف	ظ	ج	ت	ض	ذ	ى
ث	ظ	ف	ق	س	ع	ى	ك	ث	ذ	ب	ه	ب	ل	ع	آ
م	ر	ئ	ا	ت	س	ط	ك	ك	ة	ص	م	ة	آ	ر	م
ك	و	ظ	ك	ت	ر	ش	ن	ك	ي	د	غ	ى	ف	ة	ذ
ن	و	ق	ج	ط	ي	ذ	ى	آ	ئ	ب	ن	ك	و	ر	ئ
س	ك	س	ث	ق	ك	ح	ت	ا	د	ذ	ص	و	ي	ث	غ
ة	ج	ح	م	د	ف	أ	ة	ع	ك	م	ع	ر	ئ	د	ي
ي	ز	ن	ئ	ع	د	س	ا	ض	ن	ج	ل	د	ش	ش	ر
ا	ت	ض	ع	ف	ض	آ	ش	ظ	آ	ب	ا	ب	ز	ة	خ
أ	ر	ض	ي	ة	ج	ا	م	ؤ	آ	ف	ن	ح	ف	ب	ر
ؤ	ع	م	ص	ب	ا	ح	ط	ب	ى	غ	ك	ب	ط	و	س
ح	د	ي	ق	ة	ي	ك	ب	ز	ف	ي	ص	ر	ئ	ا	ج
ؤ	د	ل	ز	ي	س	ت	خ	ذ	ف	ث	ل	ن	ا	ش	ش
ق	ل	ط	ئ	ؤ	ج	ح	ف	ى	ف	ي	ر	ق	ح	ج	ر

مفاتيح
مطبخ
مصباح
مكتبة
مرآة
سقف
غرفة
دش
حائط
نافذة

علبه
مكنسة
ستائر
باب
سياج
مدفأة
أرضية
أثاث
كراج
حديقة

30 - Physics

ذ	س	ت	ي	ف	ص	ذ	ط	ع	د	ا	ة	آ	إ	ق	م
ر	ا	ر	ص	و	ت	د	س	خ	ل	ل	ظ	ة	ش	ي	ن
ة	ل	د	س	ض	ج	س	ي	م	ز	ت	و	ا	ن	و	ا
إ	ل	د	ر	ى	ص	خ	غ	ش	م	ح	ر	ك	و	ي	ل
ل	س	ض	ع	ي	ذ	ن	غ	ص	ج	ر	ذ	ي	ش	ف	س
ك	ت	ل	ة	غ	ا	غ	ص	م	ز	ا	غ	ن	ك	ظ	ر
ت	إ	ل	ؤ	ط	ا	ا	د	ر	غ	ص	ت	ا	ي	ك	ع
ر	خ	ئ	ي	ف	ج	ل	ظ	ك	م	س	م	ك	د	ف	ة
و	ع	س	إ	غ	ث	ن	ئ	ب	ر	ة	ك	ي	ض	ن	إ
ن	ي	ث	ذ	ئ	ث	س	و	ي	و	ع	ج	م	ت	ط	ب
ة	ة	ف	ا	ث	ك	ب	ع	ك	د	آ	ق	ص	ص	ز	ي
ل	ؤ	ض	ج	ب	ن	ي	س	ؤ	غ	ك	ح	خ	م	خ	ف
د	ح	ى	ك	ظ	ز	ة	و	ب	و	ذ	خ	ؤ	ئ	ز	ت
ا	خ	ذ	إ	ح	ر	و	ت	ت	ر	ذ	ي	ا	ص	ذ	ئ
ع	إ	ؤ	ي	ز	ة	غ	ى	ش	ش	ظ	ش	م	و	ث	ض
م	ق	آ	ر	ي	م	ل	ا	ع	إ	ؤ	ن	ي	ج	ز	ش

المغناطيسية
كتلة
ميكانيكا
مركب
نووي
جسيم
النسبية
سرعة
عالمي
السرعة

تسريع
ذرة
فوضى
كثافة
إلكترون
محرك
توسع
معادلة
تردد
غاز

31 - Dance

ص	ذ	غ	ر	ى	س	ص	ى	ؤ	ث	ض	إ	ل	ج	ف	ا
ف	م	إ	ي	ق	ا	ع	ع	س	خ	ق	ى	ؤ	ى	ر	ل
آ	خ	إ	ف	ي	ح	ق	ر	ب	ق	آ	ا	س	و	ل	ك
ت	ذ	ش	ا	س	ى	ة	ف	ط	ا	ع	ئ	ف	خ	ي	و
ر	غ	ئ	ق	و	ش	و	ق	ز	ذ	س	ط	ئ	ة	ؤ	ر
د	ك	ك	ث	م	خ	ى	و	ا	ث	س	د	خ	ر	ا	ي
ف	ن	ة	ك	ر	ح	ر	م	ق	إ	ص	و	ر	ب	خ	غ
ك	ي	ي	ر	ص	ب	ب	ل	ذ	ى	ذ	ص	ل	ع	و	ر
ن	ع	م	ة	إ	س	خ	ا	ث	ف	ض	ة	س	م	آ	ا
ت	ت	ي	د	ي	ل	ق	ت	ت	غ	ش	ح	ي	د	ب	ف
ف	ن	د	ت	ى	ف	ث	ب	ن	ر	ح	ر	ب	ك	ر	ي
ي	ج	ا	ك	ذ	ج	غ	ص	إ	ن	ل	م	ي	ل	و	ا
ذ	س	ك	ذ	ق	د	ك	م	ن	ج	ث	ى	ت	ك	ف	د
ى	ة	أ	ص	ش	ؤ	ل	س	ذ	ث	د	ج	ل	ص	ة	ؤ
ص	ح	ل	ص	د	ز	ف	ص	ى	ة	غ	ح	د	س	ق	ت
ك	ل	ا	س	ي	ك	ي	د	ت	ح	ئ	ع	ش	م	ك	ت

الأكاديمية
فن
جثة
الكوريغرافيا
كلاسيكي
ثقافي
ثقافة
عاطفة
معبرة
نعمة

مرح
قفز
حركة
موسيقى
شريك
الموقف
بروفة
إيقاع
تقليدي
بصري

32 - Scientific Disciplines

ع	ع	ل	م	ا	ل	ح	ر	ك	ة	ة	ع	ل	ي	ؤ	غ
لٔ	ل	ي	ة	ر	ن	ا	و	ي	ح	ل	ا	م	ل	ع	ل
ث	س	م	ع	م	ط	غ	س	ط	ذ	ل	م	ى	ج	ذ	غ
م	ط	ا	ا	غ	إ	ا	غ	ة	غ	ن	ت	ي	ئ	ك	ئ
ي	ث	ي	ن	ل	ص	ق	ث	ئ	ن	ى	ج	ل	ة	خ	ق
ك	ئ	ج	م	ي	ن	د	ا	ع	م	ل	ا	م	ل	ع	ذ
ا	ع	و	ل	ا	ا	ب	ا	ص	ع	أ	ل	ا	م	ل	ع
ن	ك	ل	ا	ع	ق	ت	ا	ز	ج	س	ا	ن	ا	ع	ع
ي	ي	و	م	ة	ي	ذ	غ	ت	ط	د	م	ئ	ل	ل	ل
ك	م	ي	ل	ا	آ	ق	ط	ت	ش	ك	ل	ر	ر	م	م
ا	ي	ز	ع	ط	ل	ا	غ	ر	ث	ا	ع	ج	و	ا	ا
إ	ا	ي	ع	ى	ج	ف	ص	ش	إ	ز	خ	ل	ب	ل	ل
ب	ء	ف	ا	ز	ئ	د	ل	ت	ش	ر	ي	ح	و	آ	ب
ج	ي	و	ل	و	ج	ي	ا	ك	ز	ك	ة	ر	ت	ث	ي
ب	ي	و	ل	و	ج	ي	ا	غ	د	ص	ة	ظ	ا	ا	ئ
ع	ل	م	ا	ل	ن	ف	س	آ	ؤ	ز	ا	ح	ت	ر	ة

تشريح
علم الآثار
علم الفلك
بيولوجيا
علم النبات
كيمياء
علم البيئة
جيولوجيا
علم المناعة
علم الحركة

لسانيات
ميكانيكا
علم المعادن
علم الأعصاب
تغذية
فيزيولوجيا
علم النفس
الروبوتات
علم الاجتماع
علم الحيوان

33 - Beauty

ظ	م	م	خ	ف	غ	آ	إ	ي	ذ	ص	ل	ت	و	ي	ز
ق	ي	ن	أ	د	ح	ن	ع	م	ة	و	ع	ج	ش	ي	ق
خ	ظ	ع	ت	ل	غ	ب	د	خ	ش	ز	ث	ع	ص	ض	ج
ئ	م	ش	آ	ج	ن	ز	د	ط	د	ب	ى	ي	ض	و	م
ز	آ	ر	ح	س	ا	ؤ	و	ه	ى	ت	ن	د	ج	م	غ
ي	آ	ق	آ	ل	ئ	ت	ش	ا	م	ب	و	ا	ى	م	ق
ت	م	س	ل	ة	ش	غ	ف	ف	ر	ة	ل	ل	ل	ع	ا
آ	ق	ع	إ	ق	ح	ج	ن	ش	ح	م	ل	ش	م	ز	ب
ض	ص	ف	خ	ا	ح	ئ	س	ل	ا	ث	ا	ع	ن	ة	آ
ع	ط	و	ر	ن	ل	ئ	ا	ا	ت	م	ي	ر	ث	ر	ح
خ	ع	و	ق	أ	ا	ش	ر	ر	و	ب	و	ز	ط	ز	م
ق	آ	ك	ئ	آ	ق	ت	ا	م	د	خ	ث	ف	م	خ	ع
ب	ص	ح	ى	ح	ث	إ	ك	ح	ج	ر	ا	ح	غ	ر	ي
و	ع	ض	ع	ي	غ	ك	س	أ	ز	ى	ب	ذ	م	ق	ى
ي	ر	ف	ح	ع	ت	خ	ا	ة	آ	م	ش	ش	ف	ي	ئ
ج	ك	ج	خ	ظ	ج	ذ	م	م	ا	ك	ي	ا	ج	ق	ض

مرآة
زيوت
رقيق
منتجات
رائحة
مقص
خدمات
شامبو
جلد
حلاق

سحر
اللون
تجعيد الشعر
أناقة
أنيق
عطور
نعمة
أحمر الشفاه
ماكياج
ماسكارا

34 - To Fill

ى	ذ	ص	ي	ز	ن	ن	ا	ح	ت	ؤ	ش	و	ح	ر	ع
ح	س	ي	ك	ر	ت	و	ن	ق	غ	ص	ا	ك	ش	ة	د
ي	ش	ن	ظ	ر	غ	خ	ؤ	ي	د	م	غ	ي	ر	و	ا
ل	ك	ي	إ	د	ض	ة	ق	ب	ي	ج	س	ر	ئ	ص	س
ؤ	ف	ة	ج	ا	ج	ز	ذ	ة	ص	ل	ر	ع	ل	ب	ة
م	غ	ل	ف	ج	ر	ة	ز	س	ب	د	آ	د	خ	ك	م
ب	خ	ر	ة	ل	ظ	ح	ح	ف	ح	د	ى	ج	ل	ء	ز
س	ن	ت	س	ب	غ	ق	ي	ر	ى	ؤ	ف	ص	ي	ا	ح
ق	ض	ظ	ظ	ن	ن	ق	ب	ق	س	ك	ئ	ر	م	ع	ع
ث	ف	د	ل	و	ك	ج	ا	خ	ن	ف	د	ؤ	ر	و	ل
ز	و	ص	آ	و	إ	ك	آ	ع	ذ	ض	إ	ئ	ب	ق	ن
ل	ل	آ	ض	ع	ي	آ	ز	ذ	إ	ئ	ت	ج	و	ت	ؤ
ذ	ن	ى	ا	ع	و	ح	ر	ا	ئ	غ	ض	ع	ب	ى	ى
س	و	ط	ت	غ	ئ	ث	و	ا	ق	ظ	ب	ر	ن	ى	ض
ن	ظ	ذ	ث	ؤ	ئ	ى	ض	ض	إ	و	ث	ر	أ	آ	ز
س	ل	ة	ي	ر	ه	ز	ي	ي	ج	و	آ	ف	ز	ف	و

كيس
برميل
حوض
سلة
زجاجة
علبة
دلو
كرتون
قفص
الدرج

مغلف
مجلد
جرة
حزمة
جيب
حقيبة سفر
صينية
أنبوب
زهرية
وعاء

35 - Clothes

ى	ظ	ب	ؤ	ذ	ى	ع	ن	ظ	ظ	ص	ي	م	ق	ا	ق
د	ب	ل	ا	و	ر	س	غ	ت	ؤ	ل	ن	ت	غ	ط	ف
س	ب	و	م	ب	إ	ك	ا	ر	ل	ب	ئ	ا	ا	ق	ا
م	ط	ز	ا	ج	س	ت	ر	ة	م	و	ض	ة	د	ؤ	ز
و	ئ	ة	س	ظ	و	م	ع	ط	ف	إ	ش	ر	ح	ل	ا
ن	ع	ز	خ	ص	ئ	ه	ج	ي	ن	ز	ف	ت	ج	ى	ت
س	ز	ع	ر	ا	و	س	ر	ع	د	ا	س	س	إ	و	و
ا	ج	آ	ق	ى	ز	ج	ة	ا	م	ص	ت	ل	ت	ؤ	و
ب	ح	ز	ا	م	ح	ك	ض	و	ت	إ	ا	ا	ر	ا	ح
ل	ك	ل	خ	ث	ي	ع	ؤ	ث	ذ	ط	ن	غ	خ	ذ	د
ح	ض	ط	ظ	و	ح	ج	ح	ئ	ف	إ	ش	ة	ئ	ح	غ
ظ	ك	غ	ث	ف	ت	ن	و	ر	ة	ط	ق	ذ	ع	ذ	ذ
ج	ظ	ؤ	د	ل	و	ش	ا	ح	د	و	ق	ض	ظ	ا	خ
ن	ع	ن	ئ	ئ	ة	ي	ع	ظ	إ	ت	ب	إ	ش	ء	ت
ض	ب	ى	ح	د	ح	آ	ط	ع	ط	إ	ع	ص	إ	ض	ص
ؤ	ز	ي	ئ	ع	غ	ح	ك	إ	ا	غ	ة	إ	ث	ظ	ة

مئزر
حزام
بلوزة
سوار
معطف
فستان
موضة
قفازات
قبعة
السترة

جينز
مجوهرات
لباس نوم
سروال
صنادل
وشاح
قميص
حذاء
تنورة
سترة

36 - Ethics

ؤ	ض	ت	ث	ة	ق	ذ	ر	ئ	إ	ص	س	ظ	ة	ك	ا
ر	آ	خ	ك	ص	ض	ص	إ	ة	ي	ج	خ	ز	ب	م	ل
ة	ي	ن	ا	ل	ق	ع	ل	ا	ط	غ	إ	آ	ز	آ	ن
ل	س	و	ي	ف	إ	ط	س	ي	ف	ث	ن	ذ	ا	ص	ز
ر	ا	ا	ل	ف	ر	د	ي	ة	آ	ش	س	ي	ا	آ	ا
ؤ	م	ع	م	ع	ق	و	ل	ف	ت	ح	ا	إ	س	و	ه
ظ	و	ت	ر	ا	د	م	ك	س	ؤ	ك	ن	ع	ط	ف	ة
ؤ	ل	ذ	ت	ل	ص	ك	ة	ل	غ	ي	ي	خ	غ	ز	م
ص	ب	آ	ح	و	ل	و	ك	ف	خ	ا	ة	ض	ط	ف	ك
خ	د	ؤ	م	ا	ا	ف	ع	ر	ا	ل	ت	س	ا	م	ح
ي	ن	ن	ئ	ق	خ	ت	ب	ق	ا	غ	ة	ن	ظ	ى	ق
ر	ذ	ش	ن	ع	ا	ل	ل	ط	ف	م	ك	ؤ	ج	ذ	ض
ك	ث	ك	ض	ي	س	ؤ	ي	ث	و	ك	ة	ص	ب	ر	ة
ص	م	م	ك	ة	ؤ	ا	ن	ر	س	إ	ي	ث	ا	ر	ا
ذ	د	ش	ز	ع	آ	ف	ز	ق	ش	ث	ع	د	ا	ك	غ
د	ي	م	ف	ة	ر	ت	ع	ش	ا	ر	د	ئ	خ	م	م

اللطف
تفاؤل
صبر
فلسفة
العقلانية
الواقعية
معقول
محترم
التسامح
حكمة

إيثار
خير
عطف
تعاون
كرامة
دبلوماسي
الصدق
إنسانية
الفردية
النزاهة

37 - Insects

ظ	ا	ب	ر	آ	ي	و	ف	ئ	ذ	ى	ي	ئ	ص	و	إ
ز	ي	ا	ل	د	ب	و	ر	و	ب	د	ة	ق	ر	ي	ف
و	ض	ث	ص	ر	ء	ا	س	ف	ن	خ	ل	ا	ص	ت	ز
ا	ل	ز	ي	ز	ض	ر	ب	ف	ة	ح	ج	ي	و	ى	ط
ن	م	ل	ة	د	ء	ا	س	ف	ن	خ	ل	ن	ر	ح	ؤ
ي	ج	ك	ز	ة	ج	ل	ح	ز	ا	ئ	ي	ة	د	إ	ع
ف	ر	ا	ش	ة	ي	ب	ن	ل	ا	س	ر	ف	د	ب	ث
ط	ز	ب	ب	و	س	ع	ي	ل	ا	ل	ش	ج	و	د	ة
غ	ص	ط	ر	ط	ث	و	ش	ى	ل	ت	ع	ى	ط	ف	د
ل	ت	ش	د	غ	ة	ض	ر	أ	م	ذ	د	و	د	ة	ا
ر	م	ت	ا	ط	و	ش	ك	غ	ن	ص	ت	ي	ر	ض	ر
آ	ق	ث	ظ	ط	ذ	ث	ة	ق	ص	ع	ج	م	ج	ط	ج
و	ظ	ة	ل	ش	ذ	ع	و	د	س	ر	ع	ر	ب	ص	ق
إ	ؤ	ئ	ج	ش	غ	ص	ص	ش	ز	ث	ح	آ	غ	ص	ض
ق	آ	ض	ذ	ؤ	ؤ	ت	ب	ف	ف	إ	ح	س	ع	ق	ش
ى	ش	و	إ	د	ى	ا	آ	د	ي	ف	ذ	إ	م	ج	ؤ

نملة
المن
نحلة
خنفساء
فراشة
الزيز
صرصور
اليعسوب
برغوث
جندب

الدبور
الخنفساء
يرقة
جرادة
فرس النبي
البعوض
عثة
أرضة
دبور
دودة

38 - Astronomy

س	ش	إ	ح	ب	ا	ر	ق	م	ح	ق	د	ك	د	ي	ن
م	ت	ش	د	ت	ف	م	ي	ئ	ل	ا	س	ع	د	ك	ن
ا	ر	ع	ب	ح	ؤ	ق	ا	ض	ر	أ	د	ت	ؤ	ك	ت
ء	ك	ا	ن	خ	ظ	آ	ر	ف	ك	ذ	ي	ت	ض	ا	ة
ذ	ب	ع	ي	ج	و	ر	ب	ل	ا	ك	م	ح	ؤ	ح	ص
و	ض	ف	ز	ؤ	آ	ي	ث	ل	ل	ر	و	ب	ك	و	ك
ص	ة	د	ك	ك	ق	و	ذ	ف	ا	ش	ى	ة	ق	ق	و
ؤ	ن	خ	ج	و	ة	ل	ز	ئ	ل	م	ث	د	ك	ذ	ف
ض	إ	ا	ض	ك	ا	ط	د	ق	ع	س	ز	س	غ	ن	س
ج	ل	ل	آ	ب	ذ	ف	ص	ذ	ي	ي	و	ف	ع	آ	ة
س	ت	ك	غ	ة	ض	د	ر	ج	ض	ف	ى	ض	ظ	س	ت
ف	ب	و	ظ	ا	ة	و	م	ل	ا	د	ت	ع	ا	ل	ا
ث	ط	ي	ء	ى	ذ	ض	ض	إ	ر	ب	ع	ر	ن	ط	ك
ؤ	ك	ك	ح	ا	غ	م	آ	ا	ف	و	ن	ر	ب	و	س
خ	ب	ب	ق	م	ل	ا	ع	ك	ع	ق	خ	و	ر	ا	ص
ى	ى	ط	ع	خ	آ	آ	غ	ز	إ	غ	و	ح	آ	ر	ذ

الكويكب
رائد فضاء
فلكي
كوكبة
عالم
أرض
كسوف
الاعتدال
نيزك
قمر

سديم
مرصد
كوكب
إشعاع
صاروخ
سماء
شمسي
سوبرنوفا
مقراب
البروج

39 - Health and Wellness #2

ط	ق	ر	ب	ز	ش	ت	ا	ل	ن	ظ	ا	ف	ة	ز	ح
س	إ	إ	ة	ي	م	ح	ف	ت	ز	ش	خ	ي	ث	س	ك
ت	و	م	س	ت	ش	ف	ى	ض	و	ي	غ	ح	ا	ز	و
غ	ر	ص	ض	ش	ه	ي	ة	ج	ف	س	ك	س	ر	ش	ئ
ذ	ج	س	ر	ت	ج	ت	آ	ل	ص	ح	ي	ع	و	ة	و
ي	ج	ا	ز	م	ط	ا	ق	ة	ب	ة	ل	ح	ل	ط	ب
ة	ن	ل	و	ص	غ	م	ر	ض	ز	ص	د	ض	ا	ى	إ
ق	ؤ	ئ	غ	ق	ض	ي	ت	ض	ك	س	ت	ر	م	ز	ش
ت	ل	ذ	ب	ى	ث	ن	ض	س	ؤ	آ	ة	ت	ل	ج	س
ب	ش	س	ب	ح	ئ	ن	ة	د	ف	ق	ج	س	ع	ت	ا
ي	ع	ح	إ	ى	و	د	ع	م	ل	ف	ح	ك	ة	ل	ي
ق	ح	ا	س	د	ش	د	ذ	إ	ا	ص	د	م	ت	ف	ق
ح	ض	ة	ر	ع	ي	ظ	ش	ف	ا	ئ	ا	ع	ط	ج	ح
ع	ض	آ	ا	خ	ؤ	ي	م	ج	إ	ذ	ا	ق	غ	غ	س
ة	ث	ي	و	خ	ح	ي	ر	ش	ت	ف	م	ث	س	ع	ش
ص	ل	ط	ذ	ر	آ	ق	ا	ث	ي	ط	غ	ا	س	ت	س

مستشفى
النظافة
عدوى
تدليك
مزاج
تغذية
التعافي
ضغط
فيتامين
وزن

حساسية
تشريح
شهية
دم
تجفاف
حمية
مرض
طاقة
علم الوراثة
صحي

40 - Disease

ت	غ	ك	ا	ذ	ى	ا	ى	ة	ي	س	ا	س	ح	ل	ا
د	ة	ي	ف	ا	ع	ل	ا	ن	د	س	و	م	ظ	ق	ل
ف	ت	ب	خ	ع	ل	ص	ى	ا	ع	ت	ف	ة	ف	ة	و
ي	ن	س	ف	ر	ا	ح	ق	ص	م	ق	و	ض	ض	ة	ر
ظ	ج	ي	ظ	إ	ئ	ة	خ	ح	ب	ج	ل	ي	ة	ب	ا
غ	ض	ة	ج	د	ف	ن	ض	ل	ك	ا	ة	ث	ج	م	ث
د	ب	آ	س	ي	ت	ع	ث	ا	ت	س	ئ	ا	ق	ز	ي
م	ز	م	ن	ى	ز	ض	ت	ا	ي	و	ئ	ر	ي	ك	ة
د	ع	ف	ب	ق	ؤ	ق	ئ	ح	ر	ن	إ	و	ط	و	م
ن	ؤ	ر	ص	ط	ن	م	ق	ئ	ي	ة	ط	ب	ظ	ث	ز
ض	ي	ص	ظ	ح	ط	ض	ض	ح	م	ؤ	ح	ق	ة	غ	ا
خ	ن	ع	ع	غ	ب	ؤ	ع	ر	م	ظ	ق	ط	ق	ص	ل
ة	ث	ئ	ظ	ظ	ل	و	د	ي	س	ف	ن	ت	ظ	ض	ت
غ	د	ج	ي	ج	ا	ل	ع	ر	ف	س	ر	س	ب	ض	م
ث	غ	ي	ج	ف	ط	م	ا	ل	ت	ه	ا	ب	ق	ل	ب
غ	ئ	إ	ز	ر	ن	ص	ذ	ؤ	ى	ز	ك	ط	ص	ع	ل

البطن
الحساسية
بكتيري
جثة
عظام
مزمن
معدي
الوراثية
الصحة
قلب

وراثي
الحصانة
التهاب
قطني
رئوي
تنفسي
متلازمة
علاج
ضعيف
العافية

41 - Time

ا	و	ة	ذ	د	ح	س	ق	ا	ب	ي	ر	ق	س	ظ	ك
ل	س	ب	و	ق	ى	د	ر	ش	ل	ح	ص	ك	م	ى	ط
ي	غ	ش	ض	ي	د	ف	ن	ى	ة	ل	ى	آ	ئ	ظ	م
و	ح	ى	و	ق	ع	إ	ص	إ	ذ	م	ي	و	ق	ت	س
م	ر	ث	ك	ة	و	س	ا	ع	ة	ن	س	ل	ظ	ف	ت
ر	ز	ع	س	ع	ش	م	غ	غ	و	خ	ب	ة	ذ	ف	ق
ش	ك	ض	إ	ع	ئ	أ	س	غ	ل	ب	ن	ؤ	م	س	ب
ش	ه	ر	ص	ى	ة	ص	ن	ب	ز	خ	س	ق	ب	و	ل
ى	خ	ظ	ج	ا	د	ر	و	ج	م	و	ؤ	أ	ك	ش	ي
آ	خ	خ	ض	ز	س	إ	ي	آ	ظ	ي	ى	ر	ر	ص	ش
ا	ع	ق	م	ا	إ	ص	ي	ؤ	ا	ل	آ	ن	ا	ت	ت
و	ق	ت	ا	ل	ظ	ه	ي	ر	ة	ب	ث	ؤ	ص	خ	ش
د	و	م	ذ	ع	ف	ث	ذ	ص	د	ق	ع	ل	ا	ي	ط
ح	ي	س	ذ	ي	ك	ز	ن	ب	ر	ؤ	ف	ى	ع	ظ	ب
ئ	ر	ش	ئ	ق	ج	د	ذ	ا	ث	ئ	ل	خ	غ	س	ؤ
ئ	و	ش	ى	ع	ز	ج	ن	ح	إ	ة	ب	ؤ	ا	ح	ئ

سنوي
قبل
تقويم
قرن
يوم
العقد
مبكرا
مستقبل
ساعة
دقيقة

شهر
صباح
الليل
وقت الظهيرة
الآن
قريبا
اليوم
أسبوع
سنة
أمس

42 - Buildings

ي	ل	ت	ي	ع	ا	ر	خ	ث	ك	ح	ر	ح	ئ	ت	ض
ص	م	ج	ئ	ك	ل	غ	ف	ي	ن	ف	ئ	ؤ	ظ	ح	خ
م	ة	س	ج	ئ	م	ر	ن	م	م	ة	غ	ح	س	ف	إ
س	د	ص	ر	م	ق	ي	د	ة	خ	ة	آ	ص	ت	م	إ
ت	ت	خ	ب	ح	ص	م	ق	ص	ى	ت	ذ	ى	م	د	ت
ش	ع	خ	ؤ	ر	و	ط	د	ك	م	ض	ب	ق	س	ر	ذ
ف	ا	خ	ئ	ة	ر	ا	ف	س	ل	ا	غ	ر	ي	س	ى
ى	م	ث	إ	ع	ة	ز	ط	ذ	ط	ع	ل	ز	ن	ة	ا
م	ت	ع	ع	م	د	ح	ر	ة	ك	ز	ا	ك	م	ع	ط
ل	ي	د	و	ا	ر	ط	ن	ح	ث	ى	ص	ع	ا	ص	ذ
ع	ن	ص	م	ج	إ	ق	ل	ع	ة	ش	آ	م	ن	ؤ	ا
ب	م	ف	آ	ظ	آ	ذ	ك	ش	ت	ع	إ	ت	و	خ	ص
ط	و	د	ب	ج	و	ا	ي	م	خ	ط	ن	ح	ن	ع	د
ع	ع	م	ف	ح	ظ	ي	ر	ة	د	ل	ؤ	ف	ش	ق	ة
ز	ع	ج	ة	ع	ى	م	ف	ا	ذ	ق	ن	و	ف	ع	ح
ل	س	و	ب	ر	م	ا	ر	ك	ت	ت	ى	ش	ا	ؤ	ذ

شقة
حظيرة
المقصورة
قلعة
سينما
السفارة
مصنع
مستشفى
نزل
فندق

مختبر
متحف
مرصد
مدرسة
ملعب
سوبر ماركت
خيمة
مسرح
برج
جامعة

43 - Gardening

و	ا	ص	ي	د	ث	ى	ح	ح	ذ	ر	ز	ى	ة	د	ض
ظ	ل	ا	ر	ب	ئ	آ	ى	م	ب	إ	ش	د	ة	ث	ذ
ح	أ	ل	آ	ا	ظ	ص	ك	ا	ظ	غ	ر	ي	ب	س	ل
ذ	ز	ح	ب	ق	ن	ع	ا	ل	ت	ر	ا	ب	و	ش	ي
م	ه	ل	خ	ة	د	ب	ث	م	ن	ا	خ	إ	ط	ج	غ
ض	ا	ل	ر	أ	ب	ؤ	ا	ص	ر	ج	د	ط	ر	خ	ا
ج	ر	أ	ط	ز	ت	س	ن	ت	د	ا	م	س	و	ن	ي
ى	ج	ك	و	ه	ت	ر	ت	ض	ي	آ	و	ئ	ذ	إ	ج
آ	ش	ل	م	ا	ر	ك	ت	ا	ؤ	ي	س	ظ	ب	ؤ	ى
و	ل	ط	ط	ر	ب	ت	ئ	خ	ن	ظ	م	ع	ك	ك	ج
ر	ا	ش	ى	ئ	ة	ص	ة	ة	ع	ك	ي	ث	ي	ض	ة
ق	ق	ض	ز	و	ي	ؤ	آ	إ	ز	ل	ع	س	ع	ل	خ
ة	ا	ى	ه	ة	ع	ا	و	ن	أ	ل	ا	ن	ز	ض	ف
ص	ر	ض	ر	ح	م	ا	غ	إ	آ	ك	ظ	ك	م	و	ا
ب	و	ط	س	ز	إ	آ	ء	ا	م	ي	ى	ف	م	آ	م
د	أ	و	ب	د	ن	ب	ل	غ	ع	ذ	ن	ز	ة	س	ض

زهر
نباتي
باقة أزهار
مناخ
سماد
وعاء
التراب
صالح للأكل
غريب
الأزهار

أوراق الشجر
خرطوم
ورقة
رطوبة
بستان
موسمي
بذور
تربة
الأنواع
ماء

44 - Herbalism

ض	ت	ط	ف	د	ل	ظ	ى	إ	ئ	ن	ي	ش	د	ث	ط
ز	ن	ب	ح	د	ي	ق	ة	ر	م	ش	ل	ا	ف	ك	ط
إ	ف	د	ق	ة	ل	ب	ج	ل	ا	ل	ي	ل	ك	إ	ا
آ	و	ق	ك	د	م	آ	ا	إ	ح	ل	ة	ض	ق	ع	ث
إ	ن	ة	غ	ش	و	ق	د	ر	م	ص	ط	غ	ج	ط	ئ
ت	و	ا	ب	ل	ث	ن	م	ص	ن	ع	ة	ه	و	ر	ع
ز	خ	ط	ج	ة	ا	ا	س	ت	ا	ن	آ	ث	ي	ي	ة
غ	ر	ق	ح	م	ب	ر	ق	ذ	ح	آ	ز	ج	ض	ى	ج
ق	ط	ط	غ	ث	غ	ف	م	ب	ي	ج	ن	ق	ق	ق	ل
ؤ	ل	ح	ى	ذ	ل	ع	و	ن	ر	ن	ع	ن	ا	ع	ذ
خ	ا	س	ز	د	ث	ز	ف	إ	ؤ	ة	ح	آ	غ	ز	ر
ف	ك	ر	ل	ى	ل	ئ	ز	إ	و	ز	ه	ر	ة	ى	آ
أ	خ	ض	ر	م	ف	ي	د	ث	ف	ب	ص	ك	آ	د	ر
م	آ	إ	ز	ا	ب	ص	ح	ض	آ	ا	ل	ع	ن	ص	ر
ؤ	إ	و	د	ز	ج	ت	إ	ك	ث	ب	ص	ن	إ	ذ	ض
س	س	ل	ة	خ	ع	غ	س	ث	ض	ع	د	ل	ص	ش	إ

عطري	العنصر
ريحان	خزامى
مفيد	مردقوش
الطهي	نعناع
الشمرة	توابل
نكهة	بقدونس
زهرة	مصنع
حديقة	إكليل الجبل
ثوم	زعفران
أخضر	الطرخون

45 - Vehicles

ث	ن	ر	ت	و	ك	س	آ	س	ق	ي	ب	ب	ش	ص	ا
ا	ل	إ	ط	ا	ر	ا	ت	ي	خ	ا	غ	س	ا	ل	ض
ه	س	ظ	د	آ	ح	ت	ع	ا	ك	ر	ر	ث	ح	ؤ	ن
ؤ	ل	ل	ح	م	م	ن	م	ر	ك	ذ	ص	ب	ن	ي	ب
ر	ج	ي	آ	ك	آ	ا	ق	ة	ر	ئ	ا	ط	ة	ش	ط
آ	ط	ئ	ك	خ	ر	ح	ن	إ	آ	ك	ق	ا	ف	ل	ة
ك	ق	ظ	ق	و	ر	ش	ن	س	ا	ل	م	ك	و	ك	ج
خ	ض	ز	ح	ر	ب	ص	ك	ع	ق	م	ل	ج	د	ذ	ا
إ	إ	ن	د	ا	ط	ت	ح	ا	ج	ث	ظ	ش	آ	ج	ر
ى	ي	ش	ن	ص	ز	ن	ر	ف	س	ي	ا	ر	ة	ر	د
غ	و	ا	ص	ة	ل	خ	ن	غ	آ	ط	ر	ا	ؤ	ا	ا
ة	ع	ع	ض	ل	ص	و	ظ	م	ن	و	ب	ك	إ	ر	ذ
ا	غ	ي	ت	ف	ت	ا	ك	س	ي	ف	ط	إ	ز	ت	ر
ك	خ	م	ى	ا	ع	د	ط	ى	ع	آ	غ	ش	ئ	خ	ز
ن	ة	ل	ط	ح	ى	ن	ق	ج	ا	ك	ط	ح	د	ث	ف
ا	ل	ع	ب	ا	ر	ة	ت	ك	إ	م	ش	ق	و	ص	ا

طائرة
سيارة إسعاف
دراجة
قارب
حافلة
سيارة
قافلة
العبارة
هليكوبتر
محرك

طوف
صاروخ
سكوتر
المكوك
غواصة
مترو
تاكسي
الإطارات
جرار
شاحنة

46 - Flowers

ئ	ة	ة	ى	آ	ص	إ	د	خ	آ	ة	ة	ت	آ	ا	خ
ظ	ف	ا	ث	ر	ا	ه	ز	أ	ة	ق	ا	ب	ا	ل	ا
ط	آ	ا	ي	ك	ي	ز	ي	د	س	ق	ر	ل	ى	خ	ل
ط	ق	ى	ض	ش	ل	ث	ن	ي	ت	ع	ؤ	ح	ؤ	ش	ف
ت	ي	م	ل	ظ	و	ط	ق	ت	ن	ب	ل	س	ه	خ	ا
ث	ر	ا	ل	ه	ن	د	ب	ا	ء	ا	ش	ل	ي	ا	و
ص	ب	ز	غ	ى	غ	د	ن	ط	ي	د	و	ا	د	ش	ا
ج	ل	خ	ل	ث	ا	ك	ز	ذ	ي	ا	ع	ج	ك	ص	ن
ص	ا	ي	ر	ي	م	و	ل	ب	ا	ل	ص	ش	ر	ع	ي
د	س	ر	ش	ن	ك	ئ	ع	ا	س	ش	ف	آ	ك	أ	ا
ش	ج	ط	د	س	ف	إ	ك	ل	م	م	خ	ن	ل	ث	ذ
ر	ر	د	ا	ي	ئ	ل	ق	ب	ي	س	ك	ن	ا	م	ع
م	ن	ف	ز	ب	ن	ح	ح	ت	ن	ج	ف	ح	ة	ا	ؤ
ا	ل	د	ت	ئ	إ	ي	ر	ل	ة	ف	ذ	غ	ك	إ	ذ
ا	ا	ت	و	ل	ي	ب	ا	ة	ى	ح	ل	خ	آ	ن	ف
ي	ز	ه	ر	ة	ا	ل	ع	ا	ط	ف	ة	ح	ى	ج	د

باقة أزهار	زنبق
نفل	ماغنوليا
النرجس البري	السحلب
ديزي	زهرة العاطفة
الهندباء	الفاوانيا
جاردينيا	البتلة
الكركديه	بلوميريا
ياسمين	الخشخاش
خزامى	عباد الشمس
أرجواني	توليب

47 - Health and Wellness #1

د	و	ظ	ص	ؤ	ع	ط	ص	ظ	ج	ك	ل	ش	ع	م	ت
ب	و	ع	ل	ا	ج	ن	ن	ج	ن	ي	ج	ؤ	ش	ن	ص
م	ب	ا	ص	ع	أ	ي	ج	ا	ل	ئ	ر	ث	ل	ع	ص
ا	ط	ا	ء	ش	ج	ق	و	ض	ة	د	ا	ع	ف	ك	ذ
ظ	س	و	ر	ي	ف	ر	ع	غ	آ	ط	ط	ئ	ص	س	إ
ع	ص	ت	س	ة	ة	إ	و	ط	ش	ش	ب	ص	ي	ز	ط
س	ر	ا	ر	ا	ل	ه	ر	م	و	ن	ا	ت	د	ا	ق
ا	ا	ي	س	خ	ى	ك	ق	خ	ر	خ	ي	ئ	ل	ص	ل
ز	ر	ر	ك	ج	ا	ل	ع	ل	ا	س	ر	ط	ي	آ	ت
ل	ت	ظ	ي	غ	ك	ء	ي	ص	آ	ى	ي	ط	ة	ى	ق
ئ	ف	ذ	ر	ل	س	ف	ا	ض	ظ	ذ	ت	ق	ن	ل	ز
ص	ا	خ	م	ؤ	ذ	م	د	آ	خ	ت	ك	ر	ش	خ	ض
ج	ع	ك	ذ	ن	ك	ل	ة	ي	آ	ص	ب	ي	ب	ط	آ
ش	ن	ذ	ط	ة	ي	ي	ج	ل	ب	إ	ز	ح	ي	خ	م
ظ	ن	ز	ب	ق	ل	ع	ض	ل	ا	ت	ت	ج	و	ع	ة
ع	ل	ت	ذ	ض	ج	ط	ل	ن	م	ي	ذ	ن	ط	ل	آ

نشط
بكتيريا
عظام
عيادة
طبيب
كسر
عادة
ارتفاع
الهرمونات
جوع

دواء
عضلات
أعصاب
صيدلية
منعكس
استرخاء
جلد
علاج
العلاج
فيروس

48 - Town

ل	م	ى	ث	ة	خ	ؤ	د	ق	ذ	ش	غ	م	ك	ب	ف
غ	س	غ	ت	ع	س	ي	و	ح	ب	ع	م	ع	ث	غ	ز
ض	ر	ا	ط	م	م	خ	م	ك	ت	ب	ة	ر	خ	غ	ش
م	ح	ع	ي	ا	د	ة	ب	م	آ	ط	إ	ض	ز	ز	م
ة	ن	ف	ى	ج	م	ي	ن	ط	س	ط	ف	ن	ذ	ب	ن
د	ث	س	ئ	ى	خ	ن	ك	ع	ش	إ	ع	ح	ق	خ	ا
ئ	ذ	ن	ق	د	ن	ف	ي	م	د	ك	ة	ي	ة	م	و
ر	ة	ع	و	ز	د	ح	ص	س	س	د	س	ي	ي	ص	ي
ث	د	ز	س	م	ه	ش	م	ق	و	ط	م	ى	ة	ت	ح
ق	ذ	ك	س	ص	ة	و	ؤ	د	ب	ب	ف	س	إ	ر	ة
م	ت	ح	ف	ي	ى	د	ر	ل	ر	م	د	ر	س	ة	ق
س	غ	ض	ئ	ط	س	إ	د	ك	م	آ	ز	ط	س	آ	ي
ة	ئ	س	خ	ج	ث	آ	ن	ظ	ا	ر	ئ	ض	ع	ى	د
ح	ض	ض	ز	إ	ؤ	ئ	ف	ذ	ر	ق	ف	ف	ب	ن	ح
ظ	و	ص	ي	د	ل	ي	ة	ع	ك	ح	ا	ح	ض	خ	ض
ش	ف	و	ح	د	ؤ	د	ى	ز	ت	إ	إ	م	ل	ع	ب

مطار
مخبز
بنك
سينما
عيادة
منسق زهور
معرض
فندق
مكتبة
سوق

متحف
صيدلية
مطعم
مدرسة
ملعب
خزن
سوبر ماركت
مسرح
جامعة
حديقة حيوان

49 - Antarctica

د	ذ	ث	ر	ر	ث	ص	ص	ط	د	ج	د	س	ص	ع	ف
ا	ف	ى	س	ف	ب	ا	ب	ج	د	ص	ؤ	ح	س	ل	ص
م	ا	ء	إ	ض	ة	ي	ف	ا	ر	غ	ج	ا	ة	م	ج
خ	ل	ي	ج	ب	ر	ر	ئ	ؤ	ب	ت	ي	ب	ر	ي	ث
ل	غ	د	و	ا	ا	خ	س	ة	ث	ع	ب	ل	ا	آ	ذ
ا	ا	إ	ز	ح	ق	ص	م	ا	ع	ذ	و	س	ر	ف	ص
ي	ل	ل	غ	ث	ج	ش	آ	ل	ذ	ل	ظ	ف	ح	ل	ا
ف	ر	ط	ج	ب	ض	ر	ك	م	ع	ق	غ	ط	ل	ح	ز
ا	ص	ئ	ي	ز	ب	س	ث	ع	ة	ذ	ت	ث	ا	ذ	ي
ر	م	ز	ج	و	ر	ؤ	ص	ا	ر	ك	و	ف	ة	ب	ز
غ	ط	ظ	ا	م	ر	ا	ى	د	ي	ل	ج	ف	ج	ظ	ذ
و	ط	ص	ي	ك	ع	ط	ي	ن	ز	ك	ي	ئ	ر	غ	آ
ب	ض	إ	ظ	ه	ت	ى	ط	خ	ج	ح	ت	ب	د	ط	ى
ط	ت	ب	م	ج	ف	ن	ر	ئ	ه	ل	ب	ش	و	ج	ة
ز	و	ط	ش	ر	ي	ب	غ	إ	ب	ل	ز	آ	خ	ا	ا
ظ	ط	ع	و	ة	ك	ل	م	ر	ش	ى	ض	إ	س	ؤ	ن

الجزر
هجرة
المعادن
شبه جزيرة
باحث
صخري
علمي
درجة الحرارة
طبوغرافيا
ماء

خليج
الطيور
سحاب
الحفظ
قارة
كوف
بيئة
البعثة
جغرافية
جليد

50 - Fashion

ى	آ	ن	ش	ع	ف	ف	خ	ق	م	س	ذ	ة	إ	ق	خ
خ	ج	ش	ك	د	ط	ط	ظ	خ	ع	ب	ك	ط	ط	م	ج
ع	م	ل	ي	آ	ى	ن	د	أ	ل	ا	د	ح	ل	ا	ش
ض	ط	ط	ب	ق	ي	ا	س	ا	ت	ل	و	ع	ي	ش	ل
ا	ا	ؤ	و	ل	ل	ب	ؤ	ك	ن	م	ت	ط	و	ر	ي
و	ع	ئ	ت	م	ص	ش	س	د	م	م	ض	ص	س	ا	م
ت	ظ	ق	ي	ن	أ	غ	ي	ي	ط	ض	غ	ط	ؤ	ر	د
م	س	ص	ك	س	ي	ع	م	ر	ط	ط	غ	آ	ح	ز	ث
ط	ظ	ج	ئ	ي	م	ك	ل	ف	ة	آ	ظ	ك	خ	أ	إ
ك	ا	ه	ا	ج	ت	ا	ظ	م	ف	ص	ت	ص	ظ	ذ	ظ
م	ف	ح	ؤ	ح	ح	و	ح	ح	ر	ط	ح	س	ض	ن	ل
ة	خ	إ	ز	ى	ت	آ	ض	آ	د	ز	ق	ع	آ	ف	ؤ
م	غ	ذ	خ	د	ة	ث	ك	إ	ر	ي	ب	ز	ي	ذ	ؤ
خ	ع	ش	م	آ	ث	آ	س	و	ؤ	ر	ث	ئ	ف	ق	ق
ر	ؤ	ق	ح	ك	ت	ص	ب	ل	ق	ط	ق	س	ا	ز	ك
ا	ل	د	ا	ن	ت	ي	ل	و	ج	ت	آ	خ	ش	ذ	ض

الحد الأدنى
حديث
متواضع
أصلي
عملي
بسيط
متطور
نمط
نسيج
اتجاه

بوتيك
أزرار
ملابس
مريح
أنيق
تطريز
مكلفة
قماش
الدانتيل
قياسات

51 - Human Body

ك	آ	ر	آ	ب	ز	ئ	غ	س	ص	ج	ف	ك	ض	ك	ا
ث	ا	ر	ة	ظ	د	ؤ	س	خ	غ	ح	ة	ظ	غ	ف	ي
ط	ذ	ح	ز	ث	ب	ا	و	ي	ب	ن	ف	ق	ب	ز	و
ج	ب	ظ	ل	آ	ت	ئ	د	آ	س	ر	ن	ح	ف	ف	ش
ل	ج	ع	ج	د	د	ر	غ	ص	ش	ك	آ	ن	ي	خ	ش
ظ	ي	ر	ر	إ	س	إ	ن	و	ن	ب	ن	ئ	ف	ت	ص
و	ج	ه	و	د	ي	ؤ	ذ	ؤ	م	ة	ب	ق	ر	م	ذ
أ	ر	خ	ز	م	ئ	ل	ج	إ	ط	ض	آ	ز	ع	إ	آ
آ	ن	ذ	أ	ا	ر	ب	ص	ا	ف	و	ص	ر	ز	ق	ل
ج	ق	ف	ث	غ	ل	ش	ج	ض	و	م	ج	م	ث	ن	ذ
ب	ذ	س	ص	ؤ	ق	ل	ب	ش	ا	ر	د	ا	ذ	ي	ض
ي	ئ	س	خ	ؤ	ق	ط	ئ	آ	ة	م	د	ض	ب	ش	ك
ت	ط	ب	ل	م	ج	ت	ب	و	س	ا	ذ	ي	ة	ل	ت
ج	ل	د	ي	ن	ث	ة	ش	ت	ي	ظ	ك	ت	خ	ا	ف
ظ	ؤ	ج	ز	ث	ى	ة	إ	ص	ب	ع	و	ك	ض	ئ	ظ
آ	ذ	ت	ض	ا	ا	ز	ع	ز	ج	ى	ي	ط	ظ	ئ	ط

كاحل
دم
عظام
دماغ
ذقن
أذن
كوع
وجه
إصبع
يد

رئيس
قلب
فك
ركبة
رجل
فم
رقبة
أنف
كتف
جلد

52 - Musical Instruments

ب	غ	ذ	ظ	ي	م	ب	ج	ص	و	ؤ	س	خ	ف	ا	ض
م	ن	د	و	ل	ي	ن	ا	م	ك	ى	ا	ة	ة	ل	إ
ث	د	ذ	ع	ض	و	ز	ب	س	ق	ل	ك	ل	ق	ت	ك
و	ظ	ط	ص	ح	ظ	م	ح	و	و	ظ	س	ز	ص	ر	ن
ا	ث	إ	ق	و	ب	ا	د	ق	غ	ن	ف	ع	ج	و	ك
ذ	ل	ب	ط	ر	و	ر	ا	غ	ر	ب	و	د	ئ	م	ج
و	ش	م	ك	ف	ع	ي	ب	ن	ذ	ظ	ن	ة	ن	ب	ر
ج	ن	ك	ز	ن	ت	م	ي	م	ز	م	ا	ر	ا	و	خ
ن	ف	ي	ق	م	ة	ب	ا	ئ	ف	ش	ع	ا	ي	ن	ش
ا	ذ	ئ	إ	خ	ا	ا	ن	ع	ش	ج	ؤ	ث	ع	ذ	ث
ب	ز	ف	و	غ	و	ر	و	ث	ث	ب	د	ي	ك	و	ؤ
ل	ذ	ل	ق	و	ل	ي	ش	ت	ل	ا	ح	ق	ف	ظ	ن
ا	ر	و	ؤ	ع	ج	غ	ن	ا	ل	د	ق	ا	ت	ذ	ض
آ	ز	ا	ط	ؤ	ز	ص	ل	ظ	ى	ع	ئ	ى	ظ	د	ص
ط	ك	ط	إ	خ	ض	ف	ت	غ	ص	ظ	ك	ر	ي	د	ج
إ	غ	ض	آ	ض	ل	د	ق	ق	ث	ع	د	ق	ص	ؤ	ع

مندولين
ماريمبا
المزمار
قرع
بيانو
ساكسفون
دف صغير
الترومبون
بوق
كمان

البانجو
باسون
التشيلو
الدقات
مزمار
طبل
ناي
ناقوس
قيثارة
جنك

53 - Fruit

غ	إ	م	ك	ى	ة	آ	ل	ى	ط	م	س	ك	ن	س	خ
ح	إ	د	ك	د	ص	إ	ج	ل	ة	ل	ث	ن	ت	د	و
غ	ل	أ	ي	ل	ص	ض	ص	ر	د	ث	ذ	ت	ي	ر	خ
ض	ي	ف	و	ت	و	ظ	ب	ن	د	ح	ن	ض	ن	غ	ئ
ط	م	و	ي	و	د	ئ	ئ	ل	ى	ة	ب	م	خ	ة	س
ة	و	ك	غ	ت	و	د	ح	ا	خ	ع	و	ع	ؤ	ط	ة
ؤ	ن	ا	ن	ا	ط	ن	ف	خ	آ	ؤ	ت	ذ	آ	م	ى
ط	غ	د	ا	ل	د	ه	م	خ	إ	ي	م	ي	ت	ف	إ
ح	ط	و	ز	ع	ض	ل	ف	ح	ش	خ	ف	ر	ر	ت	آ
ف	ظ	ل	ص	ل	ز	ا	ي	ا	ب	ا	ب	ي	ر	د	ج
غ	د	غ	ز	ي	ق	ز	ا	ف	ا	أ	ص	ب	ر	ظ	ظ
م	ر	و	م	ق	ز	و	ئ	ت	خ	إ	ن	ك	ا	ج	إ
ض	ش	ئ	ذ	ا	و	ج	ن	ا	م	إ	ب	ا	آ	ج	ذ
ب	ظ	م	ئ	ك	م	ث	ر	ى	و	ث	ئ	ل	ن	ق	ة
د	غ	ث	ش	ض	ذ	ش	ي	ة	ذ	ر	س	ب	ذ	ا	ل
ب	ر	ت	ق	ا	ل	ي	ر	ي	ب	ن	ع	ك	ر	ز	س

تفاح
مشمش
أفوكادو
موز
بيري
بلاك بيري
كرز
جوز الهند
تين
عنب

كيوي
ليمون
مانجو
شمام
برتقالي
بابايا
خوخ
كمثرى
أناناس
توت العليق

54 - Engineering

ت	إ	ئ	إ	إ	س	ش	ي	ظ	ت	ي	ظ	ا	د	ذ	آ
ن	ل	ع	ا	ا	ن	ة	د	ت	ط	ن	غ	ئ	ى	ت	ؤ
ب	ل	ز	م	ك	س	و	ر	ت	ل	ا	ذ	خ	ت	ظ	ط
ن	م	ح	و	ر	ح	ت	ى	ث	ك	ي	غ	إ	ش	ل	ا
ا	ة	إ	ع	ح	د	ؤ	ق	ص	ي	ب	س	ر	ش	ن	و
ء	ذ	ة	س	م	ز	خ	س	ر	ه	م	ز	ا	و	ي	ة
إ	ر	ب	ظ	ا	غ	ف	ل	ب	ا	س	ح	و	ش	ظ	ى
ع	ق	م	ل	غ	ئ	ص	ث	ش	ش	ر	ؤ	ص	غ	ى	ض
ئ	ع	ي	ز	و	ت	ل	ا	ل	ع	ت	ل	ا	ت	ث	ج
ت	ف	د	ا	ت	د	ا	ؤ	ل	ذ	ع	د	ق	ق	ل	ة
إ	د	ع	د	س	ق	ط	ر	ق	ظ	د	آ	ق	خ	ج	ح
ي	ل	م	ي	إ	ب	ي	ر	ا	ز	ر	ج	و	خ	ث	ب
خ	ا	ق	ز	خ	إ	ص	ظ	آ	ل	ة	ط	ة	ئ	ظ	ع
ت	ى	ق	ل	ة	ج	خ	ك	ز	ا	ر	ا	ذ	غ	ى	ؤ
ز	ي	ض	ظ	ق	ز	ك	خ	ئ	ز	ب	ق	ئ	د	ئ	س
د	ب	ي	ز	خ	م	م	ك	ى	س	م	ة	ك	ى	ف	ل

التروس
العتلات
سائل
آلة
قياس
محرك
الدفع
استقرار
قوة
هيكل

زاوية
محور
حساب
بناء
عمق
رسم بياني
قطر
ديزل
توزيع
طاقة

55 - Kitchen

ا	ؤ	م	ن	ق	ا	ى	ئ	س	ر	و	ئ	و	ز	ع	م
ل	ب	ا	و	ت	ش	ل	ر	و	ك	و	ض	ع	ط	ي	ئ
ش	ظ	ع	ك	ر	و	د	م	ج	م	ا	س	ا	خ	د	ز
و	ي	ط	م	ة	ا	د	ا	ل	ث	ح	ك	ء	غ	ا	ر
ك	ف	ل	ح	ر	ي	ت	ع	غ	ا	ا	ل	ي	د	ن	م
ي	ر	ا	ك	ن	ة	خ	ط	ى	ح	ع	ت	ن	ن	ز	ظ
س	ن	ل	س	إ	ذ	خ	ح	خ	ئ	إ	ق	ت	ز	ص	إ
ق	س	و	ي	ب	ا	و	ك	أ	ك	ب	ث	ل	ا	ج	ة
ة	ش	ا	ن	ر	ز	ة	ع	ف	د	ط	ث	آ	إ	خ	ر
ز	د	ن	ة	ي	ا	ل	غ	ظ	ل	ئ	ت	ج	غ	ن	ج
ك	ب	ت	ف	ق	إ	س	ف	ن	ج	د	ى	ص	و	ز	ت
ك	آ	ل	ص	ص	ئ	س	آ	م	و	ض	إ	د	ج	م	ل
ذ	ن	ى	و	ى	آ	ش	ط	ئ	ش	ث	إ	ة	ك	ص	ؤ
ة	ت	و	ي	ى	ف	ى	س	ص	ئ	ك	غ	غ	ض	ي	ز
آ	ؤ	ي	ؤ	ص	ن	ص	غ	م	ش	ذ	إ	ب	ث	ظ	ق
ؤ	ث	ز	ذ	ؤ	س	ز	ن	ؤ	ك	ك	م	ق	ح	ق	ظ

مئزر
وعاء
عيدان
أكواب
طعام
الشوك
مجمد
شواية
جرة
إبريق

غلاية
سكاكين
منديل
فرن
وصفة
ثلاجة
توابل
إسفنج
الملاعق
لتناول الطعام

56 - Government

ح	ا	ل	ة	ب	ز	ة	ا	و	ا	س	م	ل	ا	خ	ق
ئ	ح	ش	ح	ا	ع	س	ي	س	غ	ل	خ	ق	ث	ف	ئ
ن	ى	ا	و	إ	ي	ا	ف	ذ	ت	ذ	ا	ة	ط	ئ	ت
ب	ث	م	ل	خ	م	ي	ئ	ا	ض	ق	ئ	ش	ب	ئ	ئ
ى	ظ	ض	ز	م	ر	س	خ	ط	ا	ب	ل	ي	و	ل	و
خ	ث	ط	ض	ب	و	ض	إ	ج	م	ث	إ	ا	ش	ث	ق
ح	ت	ز	ل	ي	ت	ا	د	ر	ص	د	خ	ص	ل	ر	ز
ك	ن	ن	ط	ذ	س	ق	ط	ش	ا	ق	ن	ئ	و	ص	ط
ظ	ذ	ى	ض	ع	د	ا	ج	ن	إ	ك	ة	ي	م	ل	س
ل	ؤ	ى	ئ	ح	ر	ن	ض	ة	ة	ع	ض	ن	خ	آ	م
ى	ق	ج	ة	ا	ض	و	د	ي	م	ق	ر	ا	ط	ي	ة
إ	ع	د	ا	ل	ة	ن	ة	ش	أ	ي	ا	ق	ر	ل	ي
ص	ح	ز	د	ة	ئ	ص	إ	ض	ة	ر	ع	س	ي	ن	ر
ة	ت	د	م	ج	د	س	ض	إ	ح	ز	م	ز	س	ص	ح
ض	ن	ظ	ز	ب	ع	ح	ن	إ	ك	ح	ل	ط	ر	ب	ص
س	ل	ت	ؤ	ح	ط	ض	م	ذ	ت	ؤ	ا	س	آ	ظ	ص

قانون
زعيم
حرية
نصب
أمة
سلمي
سياسة
خطاب
حالة
رمز

المواطنة
مدني
دستور
ديمقراطية
نقاش
المعارضة
المساواة
استقلال
قضائي
عدالة

57 - Art Supplies

ذ	ة	ا	ز	ئ	ح	ر	ء	ا	م	ح	ف	ط	ض	ت	ح
ك	ؤ	ل	ل	ص	ا	ص	ر	ل	ا	م	ا	ل	ق	أ	د
ا	م	أ	و	خ	ط	ز	ب	د	ث	د	د	س	ر	إ	د
م	إ	ل	ن	ا	ا	ر	ح	ه	ط	ة	ت	ك	و	ش	ت
ي	ذ	و	ؤ	ح	ط	ع	ع	ا	د	ب	إ	ى	ق	ع	ا
ر	ز	ا	ش	ش	ة	ط	ف	ن	ك	ب	ع	ظ	غ	ر	ل
ا	ك	ن	ن	خ	ي	س	د	ا	ي	ح	ن	ئ	ن	ل	ح
ش	ر	ف	ل	ئ	ئ	ز	ى	ت	ل	ط	ص	م	غ	ن	ا
ز	س	ى	ؤ	ذ	ا	ي	غ	ص	ي	ؤ	ع	ف	ق	ظ	م
م	ي	ص	ض	ض	م	ر	ط	ق	ر	م	ى	ا	ص	و	ل
ا	ج	ط	ش	ؤ	ن	ش	م	ز	ك	ت	م	ب	م	ؤ	ا
ا	ل	أ	ف	ك	ا	ر	ذ	ؤ	أ	ج	ى	ح	آ	ي	ة
م	ش	ص	ذ	ف	و	ت	ص	آ	و	ض	ن	آ	ا	ؤ	ح
ئ	ا	ا	و	و	ل	ذ	ل	ن	ف	ل	ن	و	ذ	ة	ا
ب	ر	ق	ن	ض	أ	ث	ص	ش	ز	ل	ئ	و	ب	ف	ة
ف	ع	ز	ن	ئ	ش	ج	و	ح	ل	ص	ف	ي	ذ	ت	ذ

أكريليك
فرش
كاميرا
كرسي
فحم
طين
الألوان
إبداع
الحامل
ممحاة

صمغ
الأفكار
حبر
نفط
الدهانات
ورق
أقلام الرصاص
طاولة
ماء
ألوان مائية

58 - Science Fiction

ف	ب	ا	و	غ	إ	ف	ظ	س	ز	و	ن	ن	و	م	ح
ش	ر	ل	ط	إ	ب	ر	ت	ث	خ	ط	ر	ج	ى	و	ى
ي	ر	ع	د	ا	ق	ز	ب	ط	ئ	ز	آ	ض	م	ا	غ
ع	ن	ا	ر	ا	ئ	ع	ب	ت	ك	ل	ا	ة	ف	د	ن
ث	د	ل	م	م	آ	ص	ن	ا	ر	ن	ظ	ش	ئ	ك	م
ب	ص	م	ص	ن	ك	ل	م	ت	ا	ل	إ	ف	ظ	ي	خ
ذ	إ	ي	ب	ي	ق	ئ	إ	و	ج	ة	ث	آ	ن	م	ر
ي	ر	ة	ك	س	ك	ت	ف	ب	ف	ر	ط	ت	م	ي	ظ
م	ة	ي	ن	ق	ت	د	ن	و	ن	ك	ي	د	ق	ا	ل
ه	س	خ	و	خ	غ	م	إ	ر	ا	ئ	ز	ط	ح	ئ	ق
و	و	ت	ب	ع	ي	د	ض	ل	ظ	ظ	ث	م	س	ي	ق
ش	ط	ه	ق	ج	ض	ا	خ	ا	س	ن	ت	س	ا	ة	إ
ف	ز	ص	م	ب	ك	و	ك	ئ	ف	ر	ط	ق	ذ	ة	ق
ئ	ب	ز	ق	إ	ل	م	ذ	ف	خ	ت	ف	ر	ن	و	ذ
ش	ؤ	ص	ل	ب	ل	ي	ح	و	ب	ز	ر	آ	س	ى	آ
ج	ز	ى	ط	ف	د	ا	ة	ي	و	ت	و	ب	ي	ا	ة

ذري
الكتب
مواد كيميائية
سينما
استنساخ
بعيد
انفجار
متطرف
رائع
نار

مستقبلية
وهم
وهمي
غامض
وحي
كوكب
الروبوتات
تقنية
يوتوبيا
العالمية

59 - Geometry

ة	ي	و	ا	ز	ج	خ	ث	ز	و	ر	ح	ظ	ت	إ	خ
ل	ف	ي	ق	ر	ا	ر	ت	ف	ا	ع	ز	ؤ	ة	ع	ة
د	ث	ل	ض	ش	ة	ن	ؤ	ث	ى	و	غ	ح	ي	س	ك
ا	ق	ت	خ	إ	ح	ط	س	ث	ك	ى	م	ق	ر	ث	ب
ع	ت	ن	ا	ظ	ر	س	ق	م	ق	ظ	ز	غ	ظ	ة	ص
م	ظ	ث	ب	خ	ج	ا	ا	د	و	ك	ؤ	ث	ن	ع	ح
ن	م	ؤ	ق	ة	ض	ش	ز	ب	م	ص	ص	ز	ع	ذ	م
ط	م	إ	و	و	ج	ذ	ت	ي	ث	ع	ذ	س	إ	ح	ج
ق	ا	ن	ج	ز	ف	ئ	ت	ف	ل	ز	خ	ص	ى	ز	د
ق	ة	ر	ح	ن	ص	ع	ن	ن	ث	ق	د	خ	ؤ	ن	ا
ث	ن	أ	ج	ن	ط	ي	س	و	ل	ا	ح	ؤ	ص	ف	ئ
س	ز	ف	خ	ى	ى	ك	ب	ي	خ	ك	ص	ق	س	ى	ر
ئ	م	ق	و	ص	ر	ك	ة	ع	ط	ق	ث	ط	ك	ح	ة
آ	ظ	ي	آ	م	ك	ت	ل	ة	ظ	إ	م	ر	د	ج	ص
إ	د	ئ	ت	د	ن	م	ة	ض	ث	ف	ش	ع	إ	س	ق
ع	ح	ر	و	ا	ل	ب	ع	د	خ	ك	ز	ط	ح	ة	ل

زاوية
حساب
دائرة
منحنى
قطر
البعد
معادلة
ارتفاع
أفقي
منطق

كتلة
الوسيط
رقم
مواز
نسبة
قطعة
سطح
تناظر
نظرية
مثلث

60 - Creativity

ر ي ب ع ت ل ا ة ذ إ ة ل ا ص أ ش
د ش ص ف ق ع ز ب ح ح ي ل ة ت م د
ر ي م م ه ا ر ة ي س و ظ س ب ت ة
ا ع ا ب ط ن ا خ و ا ف خ د ف ج ل
م ش غ ف س ح ك ك ي س ع ع ص إ ذ و
ا ة ؤ ن ذ ي ف آ ة ظ ز ة ر و ص ي
ت ث ؤ ي ب ط أ خ ا ي ظ ت خ و ر س
ي ظ ة ك ا ل ح د س ا ي د ر ج ض
ك ق خ و ك ب ا و ط ى ا ط ج غ ن آ
ي ع ع ض ز ج ر ض ث ل س ى ؤ ر ل ا
ة ل ل ب ا ى ق و ع م ا ه ل إ ل ا
ا خ ك و آ ؤ ؤ ل ح ح خ ع ف ؤ د غ
ظ إ ي آ س ب ط ى د ى ل ي ن ع ب ؤ
ي ل إ ب ك ت ش ى آ ل ف س ق ا ح ق
ت ق و ى ي ؤ ى ج ل ت ع ك ق ب ق ن
ا ظ د خ خ ش ب ف ك غ ت ع ب ر ظ ر

فني
أصالة
وضوح
دراماتيكي
العواطف
التعبير
سيولة
الأفكار
صورة
خيال

انطباع
الإلهام
شدة
الحدس
مبدع
إحساس
مهارة
عفوية
الرؤى
حيوية

61 - Airplanes

آ	ز	غ	ل	ض	ء	ا	م	س	ا	ه	غ	ر	ف	م	ا
إ	آ	غ	ف	ف	ا	ل	ق	ا	ة	ل	و	ن	ك	ظ	ض
ج	ك	ط	ز	خ	ن	غ	ا	غ	ر	ز	ت	ا	ع	و	ط
ش	آ	ئ	ئ	غ	ب	ل	ط	د	م	س	ص	ص	ء	د	ر
ش	ب	ذ	ج	ة	ه	ا	ج	ت	ا	ب	ث	آ	م	ث	ا
ر	ض	ر	ف	ل	و	ف	ا	ذ	غ	ظ	ا	ى	غ	ي	ب
ا	ن	ش	ل	ن	ح	ا	ح	ص	م	س	ي	ز	م	ذ	م
ث	ة	ى	آ	ت	ن	ل	إ	ك	ل	ص	م	ث	ر	ظ	غ
ز	ئ	و	ا	ى	ؤ	ج	ر	ح	ك	ئ	ر	ش	ا	ك	ه
د	غ	ز	م	ل	د	و	ق	و	ذ	ب	خ	ا	ك	ع	ب
غ	ح	ج	و	ظ	خ	ي	ع	ا	ف	ت	ر	ا	ب	ص	و
ب	ا	ل	و	ن	ز	ض	خ	ر	خ	ة	ا	ئ	ة	غ	ط
ص	ي	د	ث	ز	ط	ز	آ	م	ق	و	ي	ل	و	م	ف
ط	ص	ز	ج	ة	ج	ا	ف	ر	ل	ظ	ط	م	ا	ح	س
ه	ي	د	ر	و	ج	ي	ن	س	ض	ر	ض	آ	و	ر	ع
ظ	ع	ت	ح	ث	ص	ق	ا	ل	ت	ا	ر	ي	خ	ك	ق

مغامرة
هواء
الغلاف الجوي
بالون
بناء
طاقم
اصل
التصميم
اتجاه
محرك

وقود
ارتفاع
التاريخ
هيدروجين
هبوط
راكب
طيار
مراوح
سماء
اضطراب

62 - Ocean

ؤ	س	ذ	ى	ش	آ	ئ	ط	ف	ز	و	ع	ا	ف	ت	ئ
غ	ل	ق	ق	غ	ع	ى	م	آ	ش	ش	ث	غ	ج	ش	و
ؤ	ح	ن	ر	ظ	ل	ة	خ	ق	خ	و	ص	ق	ك	م	س
ط	ف	د	ز	ج	م	ب	ر	ي	ئ	ة	ى	ش	ذ	ل	ز
س	ا	ي	ج	ا	و	م	أ	أ	خ	ط	ب	و	ط	ح	ئ
و	ة	ل	ل	ن	ا	ب	ع	ث	م	ح	ا	ر	و	ا	ك
س	ف	ا	ا	س	ف	ص	ث	ج	آ	ي	ز	ش	ش	ة	د
ذ	ص	ل	و	ز	ص	س	ت	ج	ب	ش	آ	ف	د	ز	ب
آ	ا	ب	د	ن	ز	ب	إ	ي	آ	ق	ن	ج	ح	ث	ط
ج	ع	ح	م	ع	ص	ج	ز	ت	ش	ب	غ	ن	ك	ف	ك
ؤ	ش	ر	ل	د	و	ل	ف	ي	ن	ل	ر	ن	ش	ة	ت
س	ر	ط	ا	ن	ا	ج	ر	م	ل	ا	ق	ز	ن	م	ض
ظ	ق	ت	و	ح	ج	غ	ب	ا	ا	ح	ة	ا	ة	ئ	ق
ص	ل	ق	و	خ	خ	ح	ج	ت	ق	ط	ع	ع	ر	ق	ج
ئ	ؤ	ث	آ	ن	ر	ق	ع	ط	ؤ	ل	ض	ث	غ	ب	ج
ن	و	ش	ى	ش	ة	ر	ؤ	ظ	ا	ا	د	آ	ض	ظ	ز

ملح
قرش
جمبري
إسفنج
عاصفة
المد والجزر
تونة
سلحفاة
أمواج
حوت

الطحالب
قارب
المرجان
سرطان
دولفين
ثعبان
سمك
قنديل البحر
أخطبوط
محار

63 - Force and Gravity

ق	ض	آ	ظ	ج	ف	ة	ث	ش	ؤ	س	م	ش	ب	ئ	و
ا	ن	ن	و	س	إ	ؤ	ك	ذ	ر	ئ	ا	ذ	ة	ص	ت
ن	ل	س	ؤ	ة	ص	ظ	آ	ص	س	ق	ز	ث	ا	د	ى
ذ	ق	م	ج	ؤ	ث	م	ي	ك	ا	ن	ي	ك	ا	ى	ج
ص	ش	ج	ر	ي	ث	أ	ت	ط	ة	ل	ي	س	ى	م	ث
م	م	ح	و	ك	ا	ل	م	غ	ن	ا	ط	ي	س	ي	ة
ب	ت	و	ح	ن	ز	و	د	ض	ا	و	ئ	ا	م	م	ى
ف	ل	ح	م	ذ	ا	ب	خ	ا	ك	و	ب	ل	آ	ل	د
ل	ت	خ	ر	س	ر	ع	ة	ر	ت	ى	و	ف	ا	ا	ث
ب	س	ص	ت	ك	ل	س	ا	ذ	ش	ى	ط	ي	ج	ع	ص
د	ر	ا	ف	ا	ع	و	ش	ز	ا	ص	ى	ز	ف	ز	ك
ص	ي	ئ	ص	ك	ش	ت	ذ	ق	ف	ع	ح	ي	ل	ر	غ
ض	ع	ص	ظ	ت	ق	و	ل	ا	ت	ى	ع	ا	ك	ذ	ق
ن	س	خ	و	ح	د	ى	خ	ا	ة	ت	ظ	ء	ك	ة	ج
ش	ل	ت	ص	ا	ي	ة	ذ	ث	ئ	ئ	ئ	ر	ل	ز	ث
ل	د	ج	ذ	و	م	إ	ث	ة	ا	د	ز	ى	ت	ف	غ

ميكانيكا
فلك
الفيزياء
ضغط
خصائص
سرعة
الوقت
لتسريع
عالمي
وزن

محور
المركز
اكتشاف
بون
متحرك
توسع
احتكاك
تأثير
المغناطيسية
حجم

64 - Birds

ط	ا	ا	ن	ي	ب	ا	ؤ	ت	ي	ز	ع	ح	ر	ص	ش
ش	ئ	ل	س	ظ	ب	د	ز	إ	ك	ى	ج	ش	ى	ن	ت
ث	ف	ل	ز	إ	ظ	ج	ظ	م	ص	و	ب	ص	ا	ح	إ
ظ	ش	ق	ن	و	ر	س	و	و	ا	ط	ل	ا	ل	ص	ج
د	ط	ل	ي	ل	إ	ا	ل	و	ق	و	ا	ق	ث	ذ	ن
ن	و	ق	ض	ؤ	ى	خ	ك	ن	خ	ة	ب	ب	غ	ا	ء
ح	ق	ش	غ	ل	ظ	ح	د	و	ع	ؤ	ة	ط	ش	ث	م
ا	ا	ع	ر	ظ	د	ج	ا	ج	ن	ه	ي	ر	و	ن	ي
م	ن	ع	ح	ك	ؤ	ث	ى	ك	ظ	ع	ش	ظ	ظ	ا	ظ
غ	ة	ف	د	ف	ز	ع	خ	ى	آ	ش	ا	ظ	ق	غ	ئ
ج	ر	و	ف	ص	ع	ي	ة	ز	ب	ز	ب	م	ل	د	ؤ
ط	س	ا	ز	ث	ح	ح	د	ق	ذ	و	ي	ج	ة	ط	ب
ج	ن	د	ب	ا	ل	ك	ن	ا	ر	ي	ض	ذ	ع	ح	إ
ف	ؤ	ئ	م	ا	ل	ب	ط	ر	ي	ق	ة	ب	ج	ف	ة
ر	ت	ز	ث	غ	ق	و	ل	ث	ع	خ	د	ح	ب	ش	ص
م	ؤ	ك	ك	ف	ز	غ	ى	ز	آ	ث	غ	ى	ذ	ك	ط

الكناري
دجاج
غراب
الوقواق
بطة
نسر
بيضة
نحام
إوز
نورس

هيرون
نعامة
ببغاء
الطاووس
البجع
البطريق
عصفور
اللقلق
بجعة
طوقان

65 - Nutrition

ت	ي	ش	ش	ق	د	ش	ك	ت	ط	ص	آ	ي	ا	ح	س
ا	ا	ى	ه	ن	ف	ى	ن	ق	ى	ا	إ	ن	س	ق	و
ن	ل	ن	ي	م	ا	ت	ي	ف	ص	ل	ئ	ن	ر	ذ	ا
ي	ل	ص	ة	ض	و	آ	م	ق	ح	ح	ي	ض	ق	م	ئ
ت	و	د	ح	ه	ن	ك	ا	ص	ي	ل	ج	م	ج	ض	ل
و	ة	ت	غ	ة	غ	ف	ل	ئ	ذ	ل	د	ب	ؤ	و	ي
ر	ي	م	خ	ت	ع	ن	ك	ئ	غ	أ	ش	خ	ح	ذ	ف
ب	م	س	ز	ث	ص	آ	ر	ض	م	ك	ط	ة	ا	ل	ك
ل	ح	ر	د	د	ل	ف	ب	ف	ل	ل	غ	ظ	م	ظ	غ
ا	ا	ن	إ	د	ص	و	و	ن	ا	ب	ع	غ	ت	ث	ي
إ	ص	ث	خ	غ	ة	ق	ه	ز	ك	ى	ض	ظ	و	ف	ع
ا	م	ق	آ	ي	د	ل	ي	و	خ	ه	ظ	ف	ا	ح	ض
خ	س	ز	ئ	ر	و	ذ	د	ي	ح	ل	ة	ص	ز	ذ	ض
ق	ا	ع	ل	ؤ	ج	ض	ر	ف	ؤ	ى	ة	ت	ن	ن	ؤ
س	ك	ص	ف	ر	ذ	ع	ا	ض	ا	ف	ح	ظ	إ	ش	م
و	ك	آ	ت	ل	ر	ن	ت	ا	د	ا	ع	ل	ا	ض	و

الصحة
صحي
سوائل
المغذي
البروتينات
جودة
صلصة
سم
فيتامين
وزن

شهية
متوازن
مر
الكربوهيدرات
حمية
هضم
صالح للأكل
تخمير
نكهة
العادات

66 - Hiking

ث	ق	ف	و	د	ا	ش	ص	ك	ب	ق	ك	ط	ن	غ	ح
ن	ع	ر	ا	ي	ت	و	م	ظ	ئ	س	ز	ى	إ	ز	س
ذ	ا	ر	د	ت	ج	ة	ر	س	ج	ئ	ل	ل	ز	غ	م
ن	ل	م	ؤ	ض	ا	ط	ع	ب	ة	ن	ص	ا	ت	ظ	ش
ط	ح	و	ا	و	ه	إ	ن	و	ك	خ	ش	ث	ش	ا	آ
ب	ج	ر	ل	ع	ة	ف	ز	ش	ؤ	س	ق	ظ	ك	ج	خ
ي	ا	ق	ا	ب	ل	و	د	ل	ف	ل	ز	ع	ج	و	ث
ع	ر	ل	و	ل	ب	ج	م	خ	ر	ي	ط	ة	ئ	ك	ي
ة	ة	ي	ي	ا	ح	ج	ا	ا	ا	ل	م	خ	ا	ط	ر
ي	ر	ب	ت	خ	ف	د	ء	ن	ى	ئ	ي	ج	ر	ف	ي
ذ	ي	ن	ل	ر	و	ذ	ا	م	ع	ي	ض	ق	ز	م	ض
ح	ك	ع	س	ئ	ئ	ج	ث	ئ	ب	ى	د	إ	ث	ر	ح
أ	ا	ى	ي	غ	ل	ة	ى	ن	ق	م	ن	و	ئ	ت	ت
ز	ن	ت	خ	ي	ي	م	ا	ل	ح	ي	و	ا	ن	ا	ت
ظ	إ	آ	ا	ة	ص	ق	ق	ك	ى	و	ج	ص	آ	ص	ح
م	ت	ع	ب	ج	ن	ز	ز	و	م	ر	ص	ا	م	م	ث

الحيوانات
أحذية
تخييم
جرف
مناخ
المخاطر
ثقيل
خريطة
البعوض
جبل

طبيعة
اتجاه
الحدائق
تحضير
الحجارة
قمة
شمس
متعب
ماء
بري

67 - Professions #1

ر	ك	آ	م	م	ح	ا	م	ي	م	ب	ل	ع	و	خ	ض
ط	ا	ظ	إ	ح	ح	ى	ع	ؤ	ح	ح	ك	ذ	ع	ي	ك
غ	ب	ق	غ	ئ	ا	ص	ز	ض	ر	ا	ؤ	ؤ	ل	ا	ط
ج	س	ا	ص	د	ف	م	ئ	ك	ر	ر	ؤ	ك	ص	ط	ب
ش	ف	ى	س	ة	ل	إ	ذ	ل	آ	ض	ل	ؤ	ج	ئ	ي
ا	ن	آ	ق	س	ك	ع	آ	ع	س	ف	ي	ر	ة	ا	ب
خ	ل	ك	ظ	ى	ي	ث	ح	ا	ئ	و	ة	س	خ	ر	ب
ط	ا	ب	ط	ر	ظ	آ	ب	ز	ف	م	ة	ن	ز	خ	ي
م	م	ع	ث	آ	ا	ا	ج	ف	ح	ل	م	ع	إ	م	ط
ص	ل	ؤ	ظ	ة	ن	ع	ش	ا	خ	خ	خ	ر	ط	ا	ر
ر	ع	ج	ص	م	غ	ي	ي	ل	ة	غ	ا	ص	ض	س	ي
ف	ظ	ز	ل	د	ب	إ	آ	ب	ش	ش	ذ	ز	ش	ر	ف
ي	ف	إ	ص	ر	ز	ف	غ	ي	ج	ي	و	ل	و	ج	ي
د	ح	ب	ي	ب	ط	ح	إ	ا	ص	ط	د	ظ	ك	ت	ت
ئ	ض	د	ا	ن	ف	ض	و	ن	و	د	ل	ج	ا	س	ى
ق	إ	ط	د	ث	ق	س	ص	و	ظ	ك	خ	ح	ج	ك	د

صياد
صائغ
محام
ممرض
عازف البيانو
سباك
علم النفس
بحار
خياط
طبيب بيطري

سفير
فلكي
محامي
مصرفي
رسام خرائط
مدرب
راقصة
طبيب
محرر
جيولوجي

68 - Barbecues

ع	ج	ن	ص	ئ	ل	ت	آ	ط	م	ا	ع	ط	ئ	ى	م
س	ت	ظ	ن	ت	ع	ل	آ	ك	و	ئ	ض	م	ث	ث	ا
غ	ى	و	ض	ت	ر	د	ي	ئ	س	ط	ح	ت	و	ئ	ذ
ب	ئ	ص	ب	ا	ء	ش	ع	أ	ي	خ	ج	ص	ي	ف	آ
خ	ج	ش	ل	ر	ل	إ	و	ل	ق	ث	ض	ط	ذ	ة	إ
ز	د	ى	د	ظ	أ	ث	ج	ع	ى	ض	ش	م	إ	ت	ظ
ح	ا	ر	ؤ	ص	ط	غ	ب	ا	ح	ص	ا	ا	م	ئ	ت
ت	ل	ذ	م	غ	ف	ح	ئ	ب	س	ت	ث	ط	آ	ؤ	ؤ
ى	ع	م	ش	ر	ا	ظ	ة	ه	ك	ا	ف	م	ل	ج	ي
ر	ف	ؤ	ت	و	ل	ض	ص	ب	ا	ط	ئ	ط	ؤ	ث	ز
إ	ة	و	خ	خ	ا	غ	ل	ئ	ك	ل	ن	ر	ز	ظ	ج
ج	خ	س	ا	ش	ض	ي	ص	د	ي	س	أ	ك	م	ب	ا
ا	ل	ش	و	ك	ز	ف	ة	آ	ن	ل	آ	س	ى	ف	ي
ج	خ	ض	ر	و	ا	ت	س	ع	ع	ا	إ	ع	ر	ن	ي
د	ت	ث	ر	ج	خ	ل	ل	إ	س	ع	و	ة	ذ	ة	ع
ظ	و	ز	ب	و	ث	ح	ر	م	م	غ	د	ؤ	ظ	ج	ح

حار
جوع
سكاكين
موسيقى
السلطات
ملح
صلصة
صيف
طماطم
خضروات

دجاج
الأطفال
عشاء
أسرة
طعام
الشوك
اصحاب
فاكهة
ألعاب
شواية

69 - Vegetables

ث	و	م	ط	ا	م	ط	ظ	ز	س	ف	ر	ك	خ	ق	ب
م	ا	و	ف	و	ئ	ل	ب	ن	ب	ب	آ	إ	ي	ح	ا
ج	ص	ر	ئ	ؤ	ل	آ	ص	ج	ث	ع	ا	ة	ا	ت	ذ
و	ب	ط	ك	آ	ط	ل	ش	ب	ط	ي	ب	ن	ر	ق	ن
س	ة	ف	ب	ل	ى	غ	ج	ي	ش	ن	ظ	ي	خ	ث	ج
ل	ف	ت	خ	ص	ا	ء	ا	ل	ز	ا	ب	ط	ق	ف	ا
ب	ل	ث	خ	ب	ي	و	ى	ج	ل	س	إ	ق	ج	ل	ن
ب	ق	د	و	ن	س	ؤ	ط	ن	ج	ج	ة	ي	ى	ع	ا
ج	ز	ر	ل	ح	ر	ف	و	ش	ر	خ	ش	ئ	غ	ؤ	ص
ط	ف	ص	ف	ن	ث	ؤ	ج	ي	ص	ئ	د	ح	ح	ي	ط
و	ز	ح	ظ	آ	ن	ة	ط	ل	س	ي	ط	ك	ق	ئ	س
ى	س	ؤ	خ	ظ	ف	إ	ظ	ك	ر	و	ف	ش	ذ	ف	ي
ف	آ	ت	ة	ي	ظ	م	غ	و	ط	غ	ض	ئ	ذ	ز	ن
ئ	ن	ك	ك	ث	ل	ة	ع	ر	ب	ا	ص	ل	ج	ن	آ
ف	ط	غ	ؤ	ظ	ت	ق	ذ	ب	ك	ة	ذ	ث	غ	د	ش
ع	ت	ة	ر	ظ	ف	س	ز	ص	ظ	و	ق	ع	ع	ذ	ع

خرشوف
بروكلي
جزر
قرنبيط
كرفس
خيار
باذنجان
ثوم
زنجبيل
فطر

بصل
بقدونس
بازلاء
يقطين
فجل
سلطة
الكراث
سبانخ
طماطم
لفت

70 - The Media

ز	ش	و	ت	م	ح	ئ	و	آ	د	د	ع	ح	ب	ج	ب
خ	ب	ظ	ئ	د	ش	ر	ن	ح	ؤ	ؤ	ذ	ق	و	ذ	ض
ج	ك	ج	ق	ا	ت	ظ	و	ز	و	ي	د	ا	ر	ذ	ص
ب	ة	ص	م	إ	ل	ش	ي	ع	م	ي	ر	ئ	آ	م	م
س	ا	ر	ت	ا	ل	ا	ص	ت	ا	ل	ا	ق	ر	ز	ط
ا	ل	إ	ا	ل	ث	ل	د	غ	ى	ح	د	ؤ	ز	ئ	ش
ل	ا	س	ل	م	ر	و	ص	ل	ا	م	ص	ص	ؤ	آ	إ
ت	ت	ط	ج	و	ع	ق	ل	ض	ب	خ	إ	ط	ن	ذ	ة
م	ص	م	م	ا	ا	ل	م	ا	ع	ق	ل	ؤ	و	س	ي
و	ا	ش	ل	ق	غ	ل	ى	ي	ظ	ؤ	ا	ج	ص	د	ى
ي	ل	ظ	ا	ف	د	ص	ف	ا	و	ص	ن	ا	ع	ة	ت
ل	ا	ل	ص	ح	ف	ب	ى	ك	ل	ج	ط	ص	ن	ل	ج
ط	ي	س	ذ	ط	ى	ظ	ش	ج	ر	ش	م	د	ر	ف	ا
ت	ع	ل	ي	م	ز	خ	ت	ذ	ك	ي	ب	ن	أ	ؤ	ر
ع	ى	م	س	و	ح	آ	ت	ج	ص	ص	ة	ك	ي	ؤ	ي
ظ	ط	ى	ؤ	ح	ر	ى	ك	إ	ذ	ث	ث	ر	ة	ئ	ئ

المواقف
تجاري
الاتصالات
رقمي
الإصدار
تعليم
حقائق
التمويل
فرد
صناعة

الفكرية
محلي
المجلات
شبكة الاتصال
الصحف
على الشبكة
رأي
الصور
عام
راديو

71 - Boats

ط	خ	ط	ق	ح	ك	ن	ؤ	ؤ	ي	ر	ب	ة	ز	ب	ف
ى	ا	م	ش	د	ا	آ	آ	ظ	ز	ع	ح	ض	ت	ك	ا
ح	ا	ض	س	ظ	ي	ئ	ظ	ظ	ض	ف	ي	ص	ر	خ	آ
ض	ب	ز	ب	ش	ا	ض	خ	و	ئ	ك	ر	ح	م	ذ	ص
آ	آ	ل	ح	ص	ك	ؤ	ل	ت	ذ	ز	ة	ق	ي	إ	ع
ن	ه	ر	ا	ع	م	د	ئ	ئ	ح	ض	ج	ا	س	ج	ر
ة	ا	س	ر	م	ح	ي	ط	ب	ح	ر	ي	ر	ت	إ	ز
م	خ	م	إ	ا	ق	ع	ئ	ة	ب	ؤ	ا	ب	غ	ب	ت
ا	ل	ز	و	ر	ق	ا	ة	ش	ي	ح	ئ	ن	ى	ا	ط
و	و	غ	آ	ب	ق	ر	ط	ة	ذ	ل	ر	ج	ت	ل	و
ع	ث	ذ	ش	ز	ئ	ش	ع	ؤ	ك	ع	ت	ا	إ	ع	ف
ث	خ	د	ل	ذ	د	ب	ع	ض	ي	ة	ت	ة	ف	ب	غ
آ	ك	ا	ج	ي	ل	ك	ض	ك	خ	ص	ب	آ	ظ	ا	ث
س	ا	ر	ي	ة	ئ	ر	ؤ	إ	ت	ن	ل	ط	س	ر	ش
ؤ	ت	د	ي	ة	ث	م	آ	ا	إ	ج	ن	ك	ط	ة	ا
ئ	غ	ض	ة	ي	ج	ة	س	ز	ي	ب	د	ن	و	ة	ض

سارية
بحري
محيط
طوف
نهر
حبل
مركب شراعي
بحار
بحر
يخت

مرساة
عوامة
الزورق
طاقم
رصيف
محرك
العبارة
كاياك
بحيرة
قارب نجاة

72 - Activities and Leisure

ح	م	ح	س	م	ة	ن	ت	س	ب	ح	م	و	ض	ك	ا
آ	ي	ت	ع	ث	ل	ل	غ	ص	ح	ذ	ج	ق	ى	ذ	ل
ئ	ة	آ	ن	ل	و	ا	ث	ر	ف	س	ل	ا	ر	ة	ا
س	ر	ب	ق	غ	ب	ص	ك	ص	ر	ح	خ	ب	ل	ح	س
ت	ئ	غ	ى	إ	س	ي	ي	م	ز	غ	ن	س	ذ	ك	ت
ق	ا	ع	ب	ل	ي	ت	ر	د	ة	ح	و	ل	ل	ا	ر
ف	ط	غ	ة	ف	ب	ح	ي	س	ا	ض	ن	ح	إ	ك	خ
ا	ل	ه	و	ا	ي	ا	ت	ع	س	ل	غ	خ	غ	ر	ا
ى	ا	ل	ك	ر	ة	ا	ل	ق	د	م	س	م	ط	ة	ء
ئ	ة	ش	ب	د	ت	خ	ي	ي	م	ز	ى	م	ك	ا	ف
آ	ر	ا	ظ	ز	ز	ل	خ	ج	ع	س	ن	ن	ك	ل	ا
إ	ك	خ	ط	ظ	ث	ح	ط	ك	ط	ب	ر	ج	ع	س	ل
ا	ل	غ	و	ص	ف	ن	ف	ط	ش	ا	ة	م	ط	ل	ت
ت	ا	ن	ح	و	ل	م	ظ	إ	ص	ح	و	ل	ي	ة	س
ك	ت	ن	س	د	و	ت	آ	ف	ف	ة	إ	ة	خ	ئ	و
ت	خ	ص	ص	إ	ج	م	ك	ة	خ	ي	غ	إ	ة	ق	ق

اللوحة
سباق
الاسترخاء
التسوق
كرة القدم
تصفح
سباحة
تنس
السفر
الكرة الطائرة

فن
بيسبول
كرة السلة
ملاكمة
تخييم
الغوص
صيد السمك
بستنة
جولف
الهوايات

73 - Driving

س	ؤ	ت	م	ح	ر	ك	و	آ	ئ	ط	ح	ر	غ	إ	ط
ر	ط	خ	ل	ن	ش	ن	غ	ن	ق	ي	ر	ط	ا	ن	ئ
ع	ح	ت	ط	ف	ذ	ا	ض	إ	ظ	ي	ك	ظ	ز	ف	ى
ة	ا	ا	إ	ق	ب	ا	ح	إ	ف	ك	ة	ص	خ	ر	ص
ر	ح	ل	د	ق	ة	ل	غ	ن	م	أ	ا	ح	ف	د	و
ا	ب	م	م	ث	ي	ق	إ	ث	ة	غ	ل	ص	خ	ى	و
ي	ز	ا	ح	ش	ر	ن	ر	ي	ط	ل	م	ب	م	خ	ح
س	ى	ر	ؤ	ك	ا	ل	ن	ؤ	ر	ؤ	ر	ع	ح	ر	ة
غ	ش	ف	ذ	ث	ن	ة	ل	م	ش	د	و	ق	و	ي	ل
د	ف	ا	ب	ك	ة	ئ	ب	ق	و	إ	ر	ئ	ك	ط	ش
ت	ط	ج	ص	ى	ج	ف	و	ت	ف	ق	ط	ا	ن	ة	ط
ا	ع	ف	ة	س	ا	ك	غ	خ	ض	ث	ل	س	خ	ذ	د
ا	إ	إ	ح	ظ	ر	ز	ك	م	س	ى	ب	ذ	ك	غ	ط
ش	ش	ي	ش	د	د	ص	ي	ل	ؤ	خ	ق	ث	ض	ف	ز
ق	ف	م	ث	ع	ي	ر	ا	م	ك	ر	ا	ج	ذ	ب	ض
ش	ل	ن	ج	ى	ن	ا	ؤ	ؤ	ط	ط	ف	ن	ظ	ة	ت

حادث
فرامل
سيارة
خطر
سائق
وقود
كراج
غاز
رخصة
خريطة

محرك
دراجة نارية
المشاة
شرطة
طريق
أمن
سرعة
حركة المرور
شاحنة
نفق

74 - Biology

ر	ئ	ع	ت	ش	ر	ي	ح	ص	ع	ب	ذ	ض	ى	ق	م
س	ئ	ص	م	د	خ	ى	خ	خ	ف	ق	ر	ك	ك	ى	ا
ق	ض	ب	ح	ص	ئ	م	ا	ج	ل	ذ	ث	و	ق	غ	ل
ر	غ	ق	س	ة	ل	ع	ل	ذ	ص	ط	ض	ك	ت	ج	ك
ة	خ	ئ	ب	و	ر	غ	م	ش	ج	ق	ص	م	خ	ي	ي
ت	ك	ت	ك	ا	ف	ل	ش	خ	آ	ق	ا	د	ل	غ	ن
ذ	ن	و	ب	ص	ع	د	ب	ظ	إ	ظ	م	ق	ي	ف	ن
آ	و	ا	ذ	د	إ	ن	ك	غ	ط	خ	ن	م	ة	ئ	ب
ف	م	ا	ض	و	ح	ى	ى	ا	ر	ت	ش	ب	س	غ	ا
ؤ	ر	ل	ي	ج	ش	ش	ئ	ت	ف	ث	غ	ص	ت	ى	ت
ر	ه	ث	ة	ر	ف	ط	ا	آ	إ	س	ي	س	ط	ص	ا
ن	إ	د	ي	ن	ي	ج	ا	ل	و	ك	ل	ا	و	ح	ت
خ	م	ي	ز	ن	ا	ت	م	و	س	و	م	و	ر	ك	ن
ق	س	ي	ع	ي	ب	ط	ك	ظ	ا	ل	ز	و	ا	ح	ف
ض	س	ا	ط	ن	ر	غ	د	ب	ا	غ	ض	ى	إ	آ	ض
ي	ك	ت	ف	ج	ل	ز	ف	ن	ا	ع	خ	ة	ة	ب	ع

تشريح
بكتيريا
خلية
كروموسوم
الكولاجين
جنين
انزيم
تطور
هرمون
الثدييات

طفرة
طبيعي
عصب
عصبون
تناضج
نباتات
بروتين
الزواحف
تكافل
المشبك

75 - Professions #2

م	ت	ب	ة	ن	ا	ن	س	أ	ب	ي	ب	ط	ث	ئ	ظ
ؤ	ف	ط	ص	ح	ل	ح	ح	ي	ي	ف	ع	ة	ء	ؤ	ة
إ	ئ	ى	ث	ب	م	ت	غ	ت	ف	ي	ا	ب	ا	ح	ث
م	س	ق	ح	ز	ص	د	ه	ا	ن	ل	ل	ت	ض	م	ك
س	ز	ر	ق	ط	و	آ	ت	ل	ا	س	م	ك	ف	غ	ط
د	ر	ا	ب	س	ر	د	م	غ	ر	و	ا	م	د	إ	ث
ن	ظ	ذ	ر	ا	ح	ط	ط	و	ئ	ف	ل	ل	ئ	آ	ا
ه	ق	ع	د	ع	إ	غ	د	ي	ر	ق	ح	ا	ا	آ	ض
م	ج	م	ث	ى	أ	ص	ح	ف	ي	إ	ي	ن	ر	ا	ز
و	خ	ر	ك	م	ح	ة	ة	ز	ي	م	و	ي	ض	ز	س
ص	ش	ت	ا	م	ي	ت	س	ع	ف	ى	ا	م	ك	س	ي
ق	م	ج	ر	ح	ا	ى	ة	س	ج	ن	ن	أ	ظ	ث	ى
ط	د	ب	س	ع	ئ	ح	د	خ	ر	م	ا	ص	م	آ	آ
ح	ئ	ج	ئ	ز	ي	ج	آ	ط	ب	ي	ب	ع	ح	ذ	ص
ب	س	ت	ا	ن	ي	ط	ي	ا	ر	ت	ن	ظ	ق	و	ة
غ	ك	ث	ح	غ	ص	آ	ذ	ع	ى	م	ؤ	ث	ق	خ	ز

أمين المكتبة
لغوي
دهان
فيلسوف
طبيب
طيار
باحث
جراح
مدرس
عالم الحيوان

رائد فضاء
أحيائي
طبيب أسنان
محقق
مهندس
مزارع
بستاني
المصور
مخترع
صحفي

76 - Mythology

ج	أ	ت	ى	ج	ف	ث	ت	خ	ظ	ج	ط	ج	ا	م	ز
ع	س	ت	ص	ف	م	ظ	ظ	ل	ت	ب	ط	ل	ي	س	ز
ى	ط	غ	ح	ح	ى	ؤ	ك	و	ض	غ	آ	ض	ش	خ	خ
ئ	و	ض	إ	ى	م	ة	ة	د	س	ل	و	ك	ى	ك	آ
ج	ر	ل	ا	ط	ؤ	آ	خ	ق	ه	ا	غ	ا	ل	ص	ك
ج	ة	د	ل	ك	ا	ر	ث	ة	ل	ف	ي	ن	ث	ا	ك
ز	ر	ظ	س	م	خ	ل	و	ق	ب	ز	ز	ت	ن	ذ	و
خ	ي	ر	م	م	ق	ق	س	ر	ق	ج	ي	ق	د	ش	ة
إ	غ	ن	ا	م	ز	ل	و	ب	ب	ك	ر	ا	ث	ق	ص
ش	ل	ق	ء	ي	ئ	خ	ا	م	ت	د	و	م	آ	ق	ذ
ط	ا	ة	ئ	ت	ل	إ	ت	ك	س	ب	ر	ا	ح	م	ص
ط	ث	ص	ع	ط	ى	ا	ت	ا	د	ق	ت	ع	م	ل	ا
ئ	ؤ	ط	م	س	ه	آ	ع	ن	ب	ص	ز	ز	ظ	ا	ض
ث	ق	ا	ف	ة	ذ	ا	ظ	ض	آ	ئ	ل	ى	ذ	ل	ع
س	ؤ	ز	د	ع	ر	ق	ؤ	ث	ع	ح	ر	ظ	ز	ع	آ
ر	س	ص	ذ	ذ	ق	ر	ث	ة	ط	ص	ع	إ	ق	ص	ى

الغيرة
متاهة
أسطورة
برق
مسخ
مميت
انتقام
قوة
رعد
محارب

سلوك
المعتقدات
خلق
مخلوق
ثقافة
الآلهة
كارثة
السماء
بطل
خلود

77 - Agronomy

ع	ض	ا	ر	م	أ	ل	ا	ش	خ	د	ء	ط	ت	س	د
ض	ن	ب	ز	ط	ت	ك	ي	خ	س	م	ا	د	ة	ك	ظ
و	ذ	آ	ر	ع	ص	ط	ى	ع	ؤ	ق	م	ي	ة	ح	ط
ي	ئ	ظ	ا	ا	ف	م	ظ	ا	ة	ض	ي	ظ	د	ف	خ
ئ	ش	ص	ع	م	ز	ف	د	ل	ب	ل	ج	ا	ت	ن	إ
م	ظ	غ	ة	ؤ	ة	ص	ز	ت	م	ل	ع	ص	ت	ة	ظ
ع	ض	ت	ا	ت	ا	ب	ن	ل	ق	س	غ	آ	ق	ا	د
ل	ن	ن	ح	ت	ل	إ	ة	و	ح	ى	ك	ج	ا	ل	ة
م	ف	ن	ن	ج	خ	ا	ج	ث	ش	ل	ع	ل	ك	أ	ج
ا	ا	ج	ي	و	ب	ي	ؤ	ش	س	ؤ	ى	ن	خ	ن	ق
ل	ر	إ	ظ	ح	ت	آ	ذ	ب	ا	ت	ت	غ	ز	ظ	ق
ب	آ	ة	خ	ا	ع	ص	ش	ب	ت	ز	ص	ق	ى	م	د
ي	آ	ث	و	ت	ض	ت	ؤ	م	ف	و	س	ر	ب	ة	ر
ئ	ة	ر	و	ذ	ب	ج	إ	ظ	ب	د	ؤ	و	ي	ل	ا
ة	ض	ت	ا	د	آ	ح	ا	ت	ض	ا	و	ي	ئ	ي	س
خ	س	ة	ئ	ة	م	س	ا	ل	ز	ر	ا	ع	ة	ف	ة

نباتات
التلوث
إنتاج
قروي
علم
بذور
دراسة
الأنظمة
خضروات
ماء

زراعة
الأمراض
علم البيئة
طاقة
بيئة
تآكل
الزراعة
سماد
طعام
عضوي

78 - Hair Types

ص	ح	ن	ق	و	إ	ر	س	م	ن	و	ل	م	ر	ذ	آ
ا	ك	د	ك	ي	م	س	ف	ر	ا	و	ف	ز	ي	ة	د
ل	ك	ئ	م	ن	ق	ة	س	د	ع	ج	م	ظ	ح	ن	ذ
ض	غ	ج	م	ب	ت	ر	ف	ض	م	ش	ح	ا	ا	ز	ح
أ	ص	ل	ع	ط	ج	ي	ئ	ة	ل	ع	ث	ق	ر	ط	خ
ى	ش	ة	م	م	ع	ص	ط	ا	ر	م	ا	د	ي	و	ر
آ	ن	س	ا	إ	ي	ق	ج	ظ	ف	ب	ض	ر	ى	ي	ص
ا	ر	ؤ	ل	م	د	م	ش	ع	م	ض	ي	ب	أ	ل	ح
ى	ض	ك	ض	ن	ا	ى	ظ	ؤ	ط	ئ	ل	ح	آ	خ	ي
و	ب	ح	ف	ن	ل	ض	خ	ر	ر	ئ	م	ا	م	ل	د
د	ة	ت	إ	آ	ش	س	ق	م	م	م	ج	ا	ف	ض	ط
ن	ك	ن	ظ	ذ	ع	أ	ض	ك	ص	ت	ث	ص	ذ	ص	آ
م	خ	ر	ث	ب	ر	ط	ش	ف	ة	م	ج	س	ص	ي	ى
ث	ر	ص	ئ	ق	ح	د	خ	ق	د	و	س	أ	ن	ح	خ
س	ة	ظ	ج	ؤ	د	ش	غ	خ	ر	ج	خ	غ	ؤ	ت	ب
و	ط	ب	د	ل	ن	ب	ج	ذ	ش	ت	ى	ط	ن	ص	آ

رمادي
صحي
طويل
لامع
قصيرة
ناعم
سميك
رقيق
متموج
أبيض

أصلع
أسود
أشقر
مضفر
الضفائر
بني
ملون
تجعيد الشعر
مجعد
جاف

79 - Garden

م	س	ش	ؤ	خ	ط	ي	ك	س	ا	ت	ص	ر	ط	ت	م
م	ذ	ى	ن	ر	ظ	ز	ز	ر	ي	ح	ا	و	ظ	ي	ص
ن	ق	خ	ئ	ط	ق	ر	س	و	ا	ا	م	ا	ئ	ى	ط
م	إ	ع	ش	و	م	ؤ	إ	خ	ح	ج	ج	ق	ن	و	ب
ن	م	ب	د	م	ب	ة	ل	ص	ظ	ى	د	م	ن	ث	ة
غ	ح	إ	ر	ا	ن	ل	ا	ل	ع	ش	أ	ظ	ي	ف	ر
م	ل	ل	ر	ئ	غ	ث	ب	ا	ر	د	ظ	ي	ل	ئ	ه
ذ	م	آ	إ	ز	غ	ش	ر	غ	ب	ص	ع	ب	و	ش	ز
ق	س	ق	ش	ن	ظ	ف	ك	ظ	ى	ت	آ	ش	ب	ب	ة
ن	و	ظ	ح	ق	ي	ط	ة	ق	ي	د	ح	ع	م	ئ	ت
م	خ	ي	م	ز	ظ	ص	ر	و	ظ	م	غ	ذ	ا	ذ	ب
ج	إ	ض	ح	و	ؤ	د	ج	خ	ى	ي	ة	ؤ	ر	و	س
ر	ح	ك	ر	م	ة	ظ	ش	ة	ؤ	ج	ف	ق	ت	ل	ت
ف	ؤ	ف	ح	ي	أ	ر	ج	و	ح	ة	ؤ	ذ	ل	ى	ا
ة	ا	ل	أ	ع	ش	ا	ب	ض	ز	ط	ظ	ف	ا	ؤ	ن
ث	ط	ذ	ك	غ	ب	ج	إ	ئ	إ	ع	ر	ب	ظ	ن	ث

بركة
رواق
أشعل النار
الصخور
مجرفة
مصطبة
الترامبولين
شجرة
كرمة
الأعشاب

مقعد
بوش
سياج
زهرة
كراج
حديقة
عشب
أرجوحة
خرطوم
بستان

80 - Diplomacy

س	ث	د	ط	أ	ذ	ة	ي	ع	ج	ج	ح	ق	آ	ض	س
ي	ق	آ	ا	ش	خ	آ	ش	ص	ئ	ذ	ق	ك	ن	س	ف
ف	غ	ف	د	ث	س	ل	ر	ض	ت	ة	و	إ	و	د	ي
ي	ق	ض	ع	ة	غ	ح	ا	و	ن	س	ى	ن	ن	م	ر
ك	و	س	ت	ص	ز	ي	ر	ق	د	ب	ش	ق	ط	آ	ة
ص	س	ت	ر	ا	ل	ض	ف	ل	م	د	د	و	ا	خ	س
ي	ن	ا	س	ن	إ	ق	ص	ئ	ا	ئ	ن	إ	و	س	ا
س	غ	ة	ى	ج	ا	ت	غ	ئ	ت	ش	ق	ض	م	ا	ي
ا	ل	ق	ر	ا	ر	ا	ش	ت	س	م	ا	د	ل	ص	س
م	ش	د	ل	ب	ج	و	ج	غ	ص	ن	ش	و	ا	ؤ	ط
و	ذ	آ	ع	ئ	س	ل	د	ص	ذ	ض	خ	غ	ى	ي	خ
ل	ك	خ	ا	د	ا	ل	ن	ز	ا	ه	ة	أ	م	ن	خ
ب	ب	ر	ز	ي	ا	ج	ح	آ	ص	د	ل	ش	ف	و	ؤ
د	ى	ي	ن	آ	ش	ل	ف	ش	ظ	ؤ	م	ق	ك	ا	ع
ا	ل	س	ف	ا	ر	ة	ة	د	ه	ا	ع	م	ب	ع	ن
غ	خ	ف	ة	ة	س	د	خ	ك	ز	ص	ز	ب	ر	ت	ص

أخلاق
حكومة
إنساني
النزاهة
عدالة
سياسة
القرار
أمن
حل
معاهدة

مستشار
سفير
المواطنون
سيفيك
ملة
نزاع
تعاون
دبلوماسي
نقاش
السفارة

81 - Countries #1

غ	ا	ل	ا	ت	ف	ي	ا	و	أ	ض	ز	غ	ص	ا	س
غ	ل	ؤ	د	ش	ز	ر	ة	ض	ل	ك	س	ش	ع	ل	د
ة	س	ع	ن	ط	ؤ	ا	س	ت	م	ز	ن	ج	ش	ع	س
ع	ن	ق	ل	ت	ى	ل	ن	ى	ا	ب	ص	ا	ن	ر	ت
ف	غ	ا	و	ة	ئ	ن	إ	خ	ن	غ	و	و	خ	ا	ث
ن	ا	ي	ب	ي	ل	ر	س	آ	ي	ق	ج	غ	م	ق	ص
ز	ل	ذ	إ	ب	ض	و	ر	ر	ا	ي	ن	ا	م	و	ر
و	ت	ص	ق	ؤ	ة	ي	ا	ل	د	ض	ز	ر	ا	ا	ة
ي	ث	ك	ظ	ة	ع	ج	ئ	ل	ع	آ	ح	ا	ن	ل	ة
ل	ث	د	ا	ي	ئ	و	ي	إ	ذ	ح	ى	ك	ت	ب	ح
ا	ي	ن	ا	ب	س	إ	ل	ش	ي	ص	ت	ي	ي	ر	م
د	م	م	ص	ر	ر	ف	ب	ئ	ف	ط	ى	ن	ف	ا	ص
ن	غ	ن	ؤ	ق	ك	غ	ك	ن	ص	س	ا	ط	و	ز	ط
ل	ي	ى	ب	م	ن	م	م	ك	غ	ح	م	ل	ش	ي	آ
ن	ك	ت	ض	ظ	د	ب	ق	ل	ق	غ	ل	ى	ي	ل	ب
ف	ف	آ	ظ	آ	ا	ن	ش	ع	ا	ي	ل	خ	غ	ا	غ

البرازيل
كندا
مصر
فنلندا
ألمانيا
العراق
إسرائيل
إيطاليا
لاتفيا
ليبيا

المغرب
نيكاراغوا
النرويج
بنما
بولندا
رومانيا
السنغال
إسبانيا
فنزويلا
فيتنام

82 - Adjectives #1

ب	ظ	ش	ن	ر	ك	ص	ذ	ز	ق	ع	ص	ز	ة	ض	ض
ط	م	ك	ق	ف	ح	ل	و	ح	ح	ع	ح	ن	ج	ط	ا
ي	ف	ي	ص	ن	ط	ث	ق	ث	ى	ق	د	ا	ص	خ	ف
ء	ق	ة	ر	ي	ت	ئ	ي	س	ى	إ	ي	ت	س	ن	ض
ن	ث	ا	ك	ع	إ	و	م	آ	ا	إ	د	ح	آ	ث	آ
ص	ق	ؤ	ع	ة	ش	ش	ة	ئ	ع	ص	ب	ق	ص	ق	ت
ة	ي	س	ن	إ	ر	ة	ي	ص	ف	إ	آ	ي	ة	ض	ع
ظ	ل	ؤ	ي	ش	آ	ك	ل	ا	ب	ؤ	خ	ا	ى	د	إ
غ	ش	ؤ	ي	غ	ئ	خ	ع	ح	ل	ؤ	ر	و	ط	ظ	ئ
ظ	ج	ن	غ	ل	ذ	ى	و	و	س	ة	ب	ط	ط	ا	ق
ط	ذ	ث	ي	د	ح	ح	ؤ	د	ض	م	ه	م	ل	و	ط
د	ا	ك	ن	ي	و	ط	ص	د	ظ	ص	ط	ط	ة	ث	ك
ا	ب	آ	ك	ع	م	ض	ز	ي	ج	م	ي	ل	ز	ر	ر
ج	ي	ن	ق	س	ط	ن	ر	ف	د	ر	ط	ق	ي	ف	غ
د	ر	ة	ق	ب	ا	ط	ت	م	ن	و	ز	م	ك	غ	ى
ي	غ	ك	م	ب	ع	ي	س	س	ف	ى	ش	ظ	ب	إ	ض

مطلق
طموح
عطري
فني
جذاب
جميل
داكن
غريب
كريم
سعيد

ثقيل
مفيد
صادق
متطابقة
مهم
حديث
جدي
بطيء
رقيق
ذو قيمة

83 - Rainforest

ا	ط	ث	ث	ظ	ش	ن	ج	ا	ة	ل	ن	س	ي	ا	ج
ل	ح	غ	ط	ط	ض	ا	ل	س	ح	ا	ب	ح	ر	س	ص
ح	ل	ق	ذ	غ	ظ	ث	ا	ح	ت	ر	ا	م	خ	ت	إ
ش	ب	ي	م	ؤ	د	و	ئ	ف	ص	ئ	ت	ن	و	ع	ح
ر	ح	ق	د	ي	ص	ة	ز	آ	ت	ر	ي	ط	س	ا	ذ
ا	ف	خ	ي	ج	ة	ن	د	ر	أ	ص	د	ث	ث	د	ة
ت	خ	ا	ي	ش	ي	ت	ذ	ص	ج	ض	ذ	ث	ف	ة	ص
ر	ت	ن	م	ص	ع	ا	ل	غ	ل	ج	آ	ئ	ذ	ع	ع
م	ش	م	ب	ي	ل	ي	ح	ف	م	ل	ؤ	ب	إ	ج	ش
ي	ف	ط	غ	غ	ة	ع	ي	ب	ط	ر	و	ي	ط	ل	ا
م	غ	ف	ا	ظ	ف	ح	ز	د	خ	ر	ة	ف	ل	ث	ق
ل	ل	ب	ئ	ق	غ	ت	ا	ي	ئ	ا	م	ر	ب	ل	ا
ة	ة	ع	ا	و	ن	أ	ل	ا	ط	م	ي	ش	ا	ف	ش
ف	س	و	و	ط	ح	ك	ب	ن	ج	إ	ق	ث	آ	ز	ث
ذ	ك	ض	ب	ض	ة	ت	ل	و	ز	ظ	و	ن	آ	ت	ج
ب	إ	ئ	ظ	ت	و	ر	د	ظ	ت	ر	ذ	خ	ض	ة	ت

الثدييات
طحلب
طبيعة
حفظ
ملجأ
احترام
استعادة
الأنواع
نجاة
ذو قيمة

البرمائيات
الطيور
نباتي
مناخ
سحاب
ملة
تنوع
أصلي
الحشرات
الغابة

84 - Technology

م	ة	آ	ض	ر	و	ة	غ	ى	ظ	ص	ت	ؤ	ا	ص	ا
ع	ل	آ	ئ	ص	ب	و	س	ا	ح	ل	ا	ق	ف	ل	ى
ة	ؤ	ف	ر	ظ	إ	و	ز	ل	خ	ط	ي	ئ	ت	ق	ش
م	ك	ز	ق	و	ح	ز	ش	إ	ع	ؤ	ج	ك	ر	ظ	ب
ا	ل	م	ؤ	ش	ر	ر	ذ	ح	و	ق	م	ا	ا	ب	آ
ت	ب	ف	ش	س	ؤ	ث	ع	ص	آ	ص	ر	ل	ض	ن	ر
إ	ع	ث	م	ف	ي	غ	ظ	ا	ب	س	ب	م	ي	ر	ث
ف	ي	ر	و	س	س	د	ج	ء	ي	ن	ت	ت	ة	ف	ز
غ	ؤ	ف	د	آ	د	ئ	ب	ؤ	ؤ	ف	ة	ص	ل	ع	ص
ر	ب	ح	ذ	خ	س	ص	ئ	ع	ر	ض	غ	ف	ا	ر	و
م	ق	ن	ا	ص	ع	ش	ط	و	ك	ث	ت	ح	س	ذ	ج
ث	ز	م	ر	ر	ز	ة	ن	و	د	م	ؤ	ص	ر	ا	ط
ب	ؤ	أ	ي	ي	ذ	ش	ف	ا	ض	ر	ص	ض	و	ث	ك
ى	ح	ق	م	و	ب	ا	ي	ت	ن	ر	ت	ن	إ	ز	س
إ	ج	ث	ا	س	خ	ش	ا	ل	ب	ي	ا	ن	ا	ت	ز
د	د	ؤ	ك	ئ	ص	ا	ر	ظ	غ	ن	و	ب	ب	د	ص

مدونة
المتصفح
بايت
كاميرا
الحاسوب
المؤشر
البيانات
رقمي
عرض
ملف

خط
إنترنت
رسالة
بحث
شاشة
أمن
برمجيات
الإحصاء
افتراضية
فيروس

85 - Global Warming

ا	ث	ح	م	ت	م	ة	ة	خ	ا	ن	م	ذ	غ	ح	ة
ل	ث	آ	س	ؤ	ط	م	ئ	م	ل	ي	ل	ك	ز	ا	م
س	ة	و	ت	خ	ص	و	ب	آ	أ	و	ا	ط	ث	ئ	ز
ك	د	ف	ق	و	ت	ك	ر	ك	ج	ة	ع	ا	ن	ص	أ
ا	ث	د	ب	ق	ي	ح	ة	ئ	ي	ب	ل	ا	ظ	د	ث
ن	ض	ة	ل	ب	ل	ت	ق	ح	ا	ى	ؤ	غ	ف	ر	ئ
ر	ا	ل	ب	ي	ا	ن	ا	ت	ل	ب	ن	ظ	ي	ج	و
س	ك	ب	ع	ع	م	ف	ط	د	ئ	س	د	خ	د	ا	ج
ج	ق	ى	ي	ز	ش	ث	ل	غ	ر	ى	ش	ش	ط	ت	ة
خ	آ	ؤ	ر	ئ	ل	ا	ح	ظ	ف	ئ	آ	ض	ل	ا	إ
ض	ة	ر	ش	ت	ا	ت	ت	ى	ض	ز	ط	ف	ل	ل	د
ع	ف	ل	ت	ك	ب	ت	ي	ة	د	د	و	ل	ي	ح	ص
إ	ط	ك	إ	ق	ط	ط	ز	خ	ى	ئ	ك	و	ح	ر	آ
غ	ل	م	ض	إ	ق	ا	ن	ت	ب	ا	ه	ش	م	ا	ر
ا	ا	ل	آ	ن	ل	و	د	ب	ؤ	ة	ى	ي	ئ	ر	ز
ض	س	إ	س	ض	ا	م	ج	ن	ئ	غ	ز	ح	ئ	ة	غ

القطب الشمالي
انتباه
مناخ
أزمة
البيانات
تطور
طاقة
البيئة
مستقبل
غاز

الأجيال
حكومة
بيئات
صناعة
دولي
تشريع
الآن
السكان
عالم
درجات الحرارة

86 - Landscapes

ر	ص	ظ	ص	ط	ظ	ك	و	ا	د	ي	ت	ة	ت	ج	آ
ف	ح	ئ	غ	و	غ	آ	ا	ر	ي	ب	ح	ر	ن	ض	ت
و	ة	ي	ن	ى	ر	ز	ل	ا	ل	ش	ش	ي	د	ئ	ظ
ى	ل	س	ص	ب	و	ح	ج	ا	ج	ح	ى	ز	ر	ح	ط
ك	ع	ر	ؤ	د	ل	ج	ث	ي	ل	ئ	و	ج	ا	ه	م
ه	ج	ج	ث	غ	ق	ط	ك	ف	ب	ا	ى	ه	ش	ل	ن
ف	ش	ز	م	ز	ش	ش	ب	ر	ج	ف	س	ب	خ	ف	س
و	و	ي	ي	ظ	إ	ل	ظ	ج	م	و	ز	ش	ج	ذ	آ
آ	ب	ع	ا	ر	ظ	ر	ا	م	ل	ع	ي	ز	غ	ز	ؤ
ص	خ	ا	ص	ل	ة	ر	ي	ح	ب	ش	ذ	إ	ة	ح	ئ
ا	ل	ا	ق	ى	ك	ف	ط	ة	ذ	ج	ق	ز	ظ	ص	ق
ل	ة	ة	ج	ل	ث	م	ج	و	و	س	و	إ	ؤ	س	خ
ف	ص	م	ح	ي	ط	ظ	ي	غ	آ	خ	ئ	ت	ل	ئ	خ
إ	ب	ئ	ط	ا	ش	و	ى	ب	ء	ا	ر	ح	ص	ة	ن
ئ	ئ	ؤ	ك	ض	و	و	ص	ع	ق	ن	ت	س	م	ل	إ
ج	ب	ل	ت	غ	ط	ق	ق	ف	إ	ب	ر	ك	ا	ن	ؤ

شاطئ
كهف
صحراء
سخان
مثلجة
تل
جبل جليد
جزيرة
بحيرة
جبل

واحة
محيط
شبه جزيرة
نهر
بحر
مستنقع
تندرا
وادي
بركان
شلال

87 - Plants

ش	ح	ث	ف	ص	د	ط	إ	ث	إ	ى	ب	ز	ه	ر	ة
ظ	ئ	ت	ا	ب	ن	ل	ا	م	ل	ع	ي	ى	ص	ج	ل
ك	غ	خ	ك	ا	ظ	ص	ص	غ	ت	ش	ر	ا	م	ش	ز
ع	ر	ن	ف	ر	و	ئ	إ	آ	ؤ	ع	ي	ل	ذ	ل	ب
ة	ب	ى	ص	ه	س	ج	خ	ك	ئ	إ	ة	ب	ش	ا	ذ
ث	ض	ذ	ة	ز	غ	ز	غ	ز	ض	ح	د	ت	ظ	ق	غ
م	ى	ش	ل	ب	ل	ا	ب	د	س	آ	ظ	ل	ع	ا	ظ
ف	ص	ى	ي	ل	ة	ي	ع	ذ	ج	ل	ا	ة	ص	ر	ا
ض	ج	س	ة	ح	ذ	ل	ى	س	ؤ	ظ	ت	ح	ت	و	ل
ظ	ك	ح	ذ	ط	ش	و	ب	م	ك	ع	ث	د	ي	أ	ن
د	ف	ص	و	خ	م	ص	إ	ع	ل	و	د	ز	ر	ك	ب
ح	ج	ج	ظ	س	ن	ا	خ	ب	ص	ط	ح	ظ	ت	ح	ا
ا	ر	ي	ت	م	ب	ف	ش	إ	ا	ق	ر	د	آ	غ	ت
ز	م	ي	ط	ا	ت	ث	ف	ظ	ج	م	ل	ث	ي	ج	ي
غ	و	خ	ث	د	ص	ك	ث	و	و	ذ	ب	ش	ط	ق	ة
ع	غ	ا	ب	ة	ر	ج	ش	ت	ا	ب	ر	و	ذ	ن	ة

أوراق الشجر
غابة
حديقة
لبلاب
طحلب
البتلة
جذر
الجذعية
شجرة
نبت

بامبو
فاصوليا
بيري
زهر
علم النبات
بوش
صبار
سماد
النباتية
زهرة

88 - Countries #2

ا	غ	ل	ا	ر	و	س	ي	ا	ش	ج	ي	ذ	ك	ج	ل
ل	ت	ا	ل	ح	ذ	ص	ي	ل	خ	م	س	ق	ج	ي	أ
م	ت	س	ص	ش	ق	ر	ن	س	ئ	ح	ت	ي	ب	ظ	و
ك	ل	ا	و	س	و	ئ	ج	و	م	ر	ش	ي	ن	خ	ك
س	ب	ظ	م	س	ع	د	ئ	د	ت	ى	ر	ر	ى	غ	ر
ي	ش	ك	ا	ل	ي	و	ن	ا	ن	ي	ع	ى	ج	ئ	ا
ك	ذ	ا	ل	ي	ا	ب	ا	ن	ا	ر	د	ة	م	ص	ن
ح	غ	س	خ	ا	د	ن	غ	و	أ	ن	ع	غ	ذ	ئ	ي
ك	ر	ا	م	ن	د	ل	ا	ر	ا	ا	غ	ص	ى	ت	ا
ض	ؤ	ا	ي	ر	ي	ج	ي	ن	ك	غ	ب	د	ذ	خ	ج
ت	ة	ي	ى	ة	ب	س	ب	ن	ي	ب	ا	ل	ل	غ	ص
ك	ظ	ن	آ	ع	ع	ل	ل	ب	ا	م	ك	ظ	ر	ز	ة
إ	ب	ا	ذ	خ	د	ز	ح	خ	م	د	س	ل	ز	ئ	د
ر	ى	ب	ئ	غ	ظ	ب	ا	ه	ا	ي	ت	ي	ح	ط	ل
آ	ى	ل	ح	ظ	ئ	ظ	ي	ث	ج	ط	ا	ت	خ	ل	ي
غ	ح	أ	و	ا	ي	ب	و	ي	ث	أ	ن	ص	ت	خ	ا

المكسيك
نيبال
نيجيريا
باكستان
روسيا
الصومال
السودان
سوريا
أوغندا
أوكرانيا

ألبانيا
الدنمارك
أثيوبيا
اليونان
هايتي
جامايكا
اليابان
لاوس
لبنان
ليبيريا

89 - Ecology

ة	ك	ز	ج	ا	ض	ض	ك	ز	ل	خ	ة	ا	ج	ن	ح
ي	ع	ي	ب	ط	ح	ئ	و	ذ	ك	م	ب	ل	ف	د	ن
ت	ى	ي	ط	خ	ا	ل	م	و	ئ	ل	خ	م	ا	ب	ث
ا	ر	خ	ة	ع	ج	خ	إ	ا	س	س	ظ	و	ف	ة	ن
ب	ه	ح	ق	خ	ش	ت	ز	م	ط	ى	ع	ا	و	ف	ظ
ن	ظ	و	ل	آ	ح	ت	ك	إ	ن	ف	ن	ر	خ	ط	ا
ل	غ	ت	ا	ن	ا	و	ي	ح	ل	ا	ة	د	و	خ	ل
ا	ث	ع	ف	ر	ش	ا	ل	آ	د	غ	خ	ب	ش	ش	م
ن	ظ	د	ث	ث	ك	ل	ا	ب	ج	ل	ا	ح	و	ؤ	ت
ض	آ	ئ	ح	آ	ى	ب	ح	ى	خ	ع	ا	ل	م	ي	ط
ف	د	ص	س	ا	ف	ح	ص	ت	ا	ع	م	ت	ج	م	و
ف	ب	ى	إ	ص	و	ر	ر	ا	ن	ل	ط	ب	ك	ش	ع
ؤ	خ	ل	ب	ح	ى	ي	ث	ت	ل	و	ض	ن	ث	إ	و
م	س	ت	د	ا	م	ة	ط	ا	ح	ة	ع	ي	ب	ط	ن
ا	ل	أ	ن	و	ا	ع	ة	ب	س	س	ف	ع	ة	ك	ؤ
خ	ق	ع	إ	ح	ج	ر	م	ن	ب	ق	ز	ص	آ	ك	ؤ

مناخ
مجتمعات
تنوع
جفاف
الحيوانات
النباتية
عالمي
الموئل
البحرية
اهوار

الجبال
طبيعي
طبيعة
نباتات
الموارد
الأنواع
نجاة
مستدام
نبت
المتطوعون

90 - Adjectives #2

ت	د	ي	م	ج	ا	ف	ا	ز	ض	ى	إ	ل	م	ت	س
ع	ر	و	ج	س	ض	ق	ظ	آ	و	ر	ت	ظ	ت	ك	خ
ي	ا	م	د	ج	ؤ	خ	د	خ	ظ	ف	ج	د	ض	و	ث
ط	م	ت	ا	ط	د	و	ى	ؤ	د	خ	ع	ي	ك	ئ	ج
د	ا	ط	ف	ل	ي	ف	ل	ت	م	و	ز	ا	ك	ط	ا
خ	ت	و	س	ي	ح	خ	ذ	ى	ب	ر	و	ه	ش	م	ئ
ل	ي	و	ق	ض	خ	أ	ض	م	ع	ؤ	ث	ك	ظ	ت	ع
ا	ك	ف	ا	غ	ى	ص	ى	غ	ج	م	ش	ي	ى	ب	ع
ق	ي	ز	ص	ب	ب	ل	أ	ن	ي	ق	ل	م	ب	ر	ي
ن	ع	د	ب	و	ز	ي	ج	ا	ت	ن	إ	و	ث	ن	د
د	ي	د	ج	ل	ا	آ	ح	س	ر	ظ	ز	ه	ك	د	ح
ذ	ب	م	ط	خ	ق	ع	ط	ع	ى	ؤ	ى	و	ت	ب	ن
م	ط	ن	ف	إ	ز	ة	ز	ن	ؤ	ح	إ	ب	ة	ص	ل
ش	ا	ي	ن	و	ل	ؤ	ى	س	ج	ة	ث	ح	خ	ح	ص
و	ي	ئ	ظ	س	ؤ	ف	غ	ص	د	آ	ا	ص	و	ي	ة
ق	ف	غ	ن	ث	ب	ذ	ط	ي	ك	د	غ	ى	ن	ة	ض

أصلي
خلاق
وصفي
دراماتيكي
جاف
أنيق
مشهور
موهوب
صحي
جائع

مشوق
طبيعي
الجديد
إنتاجي
فخور
مسؤول
مالح
نعسان
قوي
بري

91 - Psychology

و	ئ	د	ح	ؤ	ن	ا	ا	ل	ا	ن	آ	ب	ا	ى	ج
غ	س	ي	ج	ر	ت	آ	آ	ى	ع	ك	آ	ة	ت	ل	م
ن	ز	ا	ع	م	ر	ض	ي	ج	ض	ن	ع	ل	ا	ج	و
م	ف	ئ	ح	ا	ش	خ	غ	ق	ب	ج	ق	ك	ر	ح	ع
ع	ا	ى	ظ	ل	د	ة	ط	ب	ي	آ	ا	ش	ي	ن	د
ر	ق	إ	ن	ح	ب	ل	إ	ق	ل	س	و	م	ث	ك	ذ
ف	د	س	ر	أ	م	و	س	ح	ط	ذ	ة	ا	أ	ا	م
ة	ا	س	ن	م	ز	ف	ش	ؤ	س	ن	ف	ل	ت	ل	ظ
د	ل	ح	ل	ق	م	ط	س	ض	ر	ا	ح	ع	ع	أ	آ
ر	و	ج	ز	و	ب	ل	ق	ث	س	ر	س	و	ا	ف	خ
ن	ع	ح	م	ز	ك	ا	ر	د	إ	ل	ا	ا	ل	ك	م
ز	ي	ز	ا	ر	آ	ة	ا	إ	ت	م	ظ	ط	أ	ا	ئ
غ	إ	ى	ط	ف	ف	ل	ك	و	ن	ق	ظ	ف	ن	ر	إ
خ	ر	إ	آ	ق	ث	ح	ف	ق	ك	ق	ي	ض	ا	ز	ع
ش	خ	ص	ي	ة	ز	ر	أ	ط	خ	آ	ز	م	ذ	ن	ق
ة	ج	س	آ	ع	و	م	ق	ئ	م	ط	ك	ن	د	ف	ط

الأفكار
تأثيرات
الإدراك
شخصية
مشكلة
واقع
إحساس
علاج
أفكار
فاقد الوعي

موعد
تقيم
سلوك
مرحلة الطفولة
مرضي
معرفة
نزاع
أحلام
الأنا
العواطف

92 - Math

ئ	ض	م	م	ا	ق	ر	أ	ل	ا	ع	و	م	ج	م	ه
ظ	ف	ض	ش	ل	ؤ	ؤ	ب	ذ	ع	ع	م	خ	ر	ن	ث
م	خ	ل	ب	ب	ث	ل	ع	ق	ض	ي	إ	ا	د	ق	ك
ي	ذ	ع	ن	ف	غ	ئ	ن	ث	ر	ف	خ	س	ن	خ	ض
ح	ن	ب	ج	ئ	آ	إ	س	ذ	ح	غ	ة	ا	ز	ج	خ
ظ	ذ	ر	م	خ	ذ	ة	ئ	ك	ق	آ	ة	و	ل	ش	ف
ذ	ة	م	ع	ر	ي	ا	خ	ة	س	أ	ا	ر	غ	س	ش
ز	د	ف	ا	م	إ	م	س	ت	ط	ي	ل	ئ	ر	ز	إ
ك	د	ز	د	ة	ر	ط	ق	ل	ا	د	ا	ق	آ	ع	ش
إ	ك	ط	ل	ب	ز	ء	ز	ج	ى	و	ج	ص	ظ	إ	إ
ؤ	ن	ج	ة	د	ر	ج	ا	ت	ج	م	ع	ط	ص	ظ	ت
ز	ك	س	ث	س	غ	س	و	و	ق	ع	ؤ	ي	ر	ش	ع
ض	ث	ل	ث	م	ح	غ	م	ص	ض	ئ	ث	ح	ع	ل	ف
ض	ك	و	ظ	س	ل	إ	ي	ل	و	غ	ئ	م	غ	ؤ	ن
ة	ت	ن	ا	ظ	ر	ق	م	ا	ص	ت	و	د	ة	ة	ر
ش	ل	ب	إ	غ	ج	ذ	ش	ق	ط	ى	ؤ	ف	ى	د	ي

الأرقام
موازٍ
عمودي
مضلع
مستطيل
مربع
مجموع
تناظر
مثلث
الصوت

زوايا
حساب
محيط
عشري
درجات
قطر
معادلة
أس
جزء
هندسة

93 - Activities

ف	ب	ا	س	ت	ر	خ	ا	ء	ا	ت	خ	د	ح	إ	م
س	ذ	آ	إ	م	ع	ل	غ	ل	أ	ل	ع	ا	ب	ر	ف
ئ	ت	ز	آ	ث	م	ت	ل	ص	ي	د	ا	ل	س	م	ك
ا	س	ض	ك	ص	ة	و	ة	ن	ت	س	ب	ح	ص	ك	ج
ح	ؤ	ا	ا	ض	ح	ط	ص	ت	ت	ص	و	ي	ر	خ	ط
م	ت	ل	ل	ة	د	ف	ف	ر	ح	ل	ا	ا	ح	و	ق
م	ح	ة	ط	ا	ي	خ	م	ي	ي	خ	ت	ك	س	و	ي
ت	آ	ر	ا	و	ص	ي	ا	ظ	م	ظ	ك	ة	ر	خ	د
ع	س	ا	ش	ا	ل	ق	ب	ل	ؤ	ص	ن	ف	ش	س	ئ
ة	ق	ه	ن	ل	ا	ع	ق	ض	ة	ع	د	ح	ص	إ	ث
ط	ر	م	ي	إ	ح	ز	ص	إ	ي	ك	ط	ج	ش	ى	ز
خ	ا	آ	م	و	ت	ق	ط	ؤ	ع	ن	س	م	ح	ض	ش
د	ء	ه	ي	ف	ر	ت	ل	ا	ة	ط	ؤ	م	ز	غ	ق
ة	ة	ف	ل	ل	ئ	ظ	ت	ث	د	ر	ذ	غ	ج	ى	س
ى	م	ذ	ا	ح	ت	د	ق	ث	ت	س	ن	ر	ح	ر	ي
س	ئ	ن	ف	ح	خ	م	ؤ	س	ر	ح	ع	د	ط	ت	ت

الحياكة
التر فيه
سحر
اللوحة
تصوير
متعة
قراءة
استرخاء
خياطة
مهارة

نشاط
فن
تخييم
الحرف
الرقص
صيد السمك
ألعاب
بستنة
الصيد
المصالح

94 - Business

خ	م	ج	ة	م	ز	ف	ي	و	ظ	ئ	د	ث	ط	س	ا
ض	ا	آ	ك	ص	ق	ك	ك	ق	ط	ب	ب	ف	ؤ	ل	ز
ف	ل	ت	ر	خ	د	ر	ح	ت	ش	ض	ب	د	م	ط	ط
ي	ب	ن	ش	ق	ة	ت	ل	ص	ا	ظ	ز	ا	ض	ذ	ن
ر	ا	م	ث	ت	س	ا	م	ئ	ن	ر	ل	ص	ل	ث	إ
ر	ض	م	ن	ظ	ب	ي	ع	م	د	ي	ر	ت	ث	ن	ر
ض	ت	ص	ا	ل	ت	ك	ل	ف	ة	ر	ئ	ق	ز	ك	ا
د	خ	ن	ف	ظ	و	م	ا	ق	ن	ذ	إ	ا	ث	س	ل
ز	إ	ع	ئ	ق	ت	ظ	ب	ف	ه	و	ج	ل	ن	إ	ض
ى	ل	ق	خ	ز	ب	ع	ح	ح	م	ئ	ن	ا	م	ؤ	ر
ا	ل	إ	ي	ر	ا	د	ا	ت	ي	ظ	ذ	ن	ا	ت	ا
ى	ج	ت	م	ب	خ	ف	ص	ر	ط	إ	خ	ق	ت	ف	ئ
ب	ا	ن	ت	خ	ي	ح	س	ئ	ث	ظ	ب	د	ل	ؤ	ب
ت	ز	ب	ج	ع	م	ل	ة	ي	ن	ا	ز	ي	م	ب	ش
ق	ص	ت	ر	ى	ر	ا	ر	إ	ل	ة	ض	ؤ	د	م	م
ج	ح	س	ث	خ	ز	إ	إ	غ	ت	إ	ط	س	غ	و	ك

المالية
الإيرادات
استثمار
مدير
بضائع
مال
مكتب
بيع
متجر
الضرائب

ميزانية
مهنة
شركة
التكلفة
عملة
خصم
الاقتصاد
موظف
صاحب العمل
مصنع

95 - The Company

خ	خ	ك	ا	م	د	ق	ت	ة	ة	ى	ش	ض	ج	م	ت
و	ر	ز	ج	ز	ش	ة	غ	ط	ة	ك	ذ	و	ح	ي	ا
ا	ط	ف	ج	ئ	آ	ع	إ	ع	غ	ك	د	ة	ع	ل	ه
ل	ؤ	ل	ج	ظ	ي	م	ل	ا	ع	ة	ة	ض	م	م	ا
و	ر	ا	م	ث	ت	س	ا	ف	ئ	ة	ع	و	ب	ع	ج
ح	ة	آ	د	ت	ى	إ	ي	ر	ا	د	ا	ت	ن	س	ت
د	ض	ث	د	ض	ل	م	ب	ت	ك	ر	ن	ح	ض	ت	ا
ا	د	ق	م	ة	س	آ	ا	ح	د	ط	ص	ح	س	و	م
ت	ز	ر	ق	ئ	غ	غ	إ	م	ك	ا	ن	ي	ة	ظ	ش
ش	آ	ج	ا	س	ع	و	ظ	ك	ط	خ	ل	ا	ق	ي	غ
ط	و	ئ	آ	ي	غ	ى	ز	ث	ث	م	ق	ل	ب	ف	ع
ح	ي	ا	ى	د	ض	ف	ذ	ا	س	ل	ب	م	ف	ر	ت
و	ن	ة	ع	ع	م	ى	ض	آ	ب	ا	ى	ن	ض	ا	ل
ق	ش	ا	ب	ق	ن	ن	س	ق	ي	ا	غ	ت	ص	ر	م
ذ	ط	ز	ط	ن	آ	د	ة	ل	ب	ب	ا	ج	ص	ق	ف
ظ	ح	خ	ب	ع	ف	ؤ	ة	ح	ض	ض	ع	و	ع	ك	ص

عمل
خلاق
قرار
توظيف
عالمي
صناعة
مبتكر
استثمار
إمكانية
عرض

المنتج
محترف
تقدم
جودة
سمعة
الموارد
إيرادات
المخاطر
اتجاهات
الوحدات

96 - Literature

ق	غ	ة	ا	ن	ة	إ	ج	ب	ك	ي	ع	ع	م	ز	ة
ت	ذ	ب	س	م	ح	ة	ي	ا	ك	ح	س	ظ	ؤ	ك	ي
ى	ا	ق	ت	ط	غ	ج	و	ق	ح	و	ا	ر	ل	س	غ
ة	م	م	ن	خ	ي	ا	ل	ز	ا	ك	ز	ظ	ف	غ	ش
ة	ذ	إ	ت	م	و	ض	و	ع	ض	ع	ض	ث	ص	ا	ظ
ج	ة	ر	ا	ع	ت	س	ا	ر	و	ا	ي	ة	و	ب	ث
ي	ي	ى	ج	إ	ش	ع	م	ت	خ	ر	أ	ي	ف	ح	ف
آ	ف	ظ	ا	ا	ض	ع	أ	ح	ح	ا	ل	ر	ا	و	ي
س	ا	ي	ق	ل	ا	ح	س	ن	ا	ل	ض	ض	ظ	ل	ظ
ط	ق	ة	ل	ط	ق	م	ا	ل	ؤ	ن	ي	ر	ع	ا	ش
ش	و	د	و	ف	خ	ص	ة	غ	ر	ى	ع	ل	ق	ط	ئ
ج	ث	ن	ل	س	ئ	ظ	ي	و	ئ	ى	ل	غ	ش	إ	آ
ض	خ	ط	آ	ت	ظ	ش	ص	د	ر	إ	ش	خ	ل	ج	ض
ل	س	ي	خ	ق	ؤ	ل	ؤ	ئ	ة	ن	ر	ا	ق	م	ب
ظ	ح	ف	غ	خ	ى	ز	ز	ئ	ك	ؤ	ص	ص	آ	ث	و
ق	ة	ر	ص	ع	ب	إ	ض	و	ث	د	ظ	س	خ	ك	ر

الراوي
رواية
رأي
قصيدة
شاعري
قافية
إيقاع
نمط
موضوع
مأساة

القياس
تحليل
حكاية
مؤلف
مقارنة
استنتاج
وصف
حوار
خيال
استعارة

97 - Geography

ك ق ع م ئ ي س خ ف غ ش ث غ ي م ك

ح ح ل ي إ ا غ ة ث ث إ ذ ظ ن ظ ق

ع ب ح ر س ل ز ب ؤ م ح ي ط ح ل ض

س ل ئ ي ص ع و ظ ي ك ع ق ء و ص ج

ت د ر د ف ا ع ظ ك ر ة ا ظ ن ئ ب

خ ث ص ي ح ل غ س ئ س و إ ن ز ر ل

ج ز ح ا م م ض ى ى ت إ ف خ غ ه ر

م د ي ن ة ي ر ب س ج ص آ خ خ ن إ

ب و ن ج خ ة ع ا ل ز ل ا م ش ص ح

ى ص ص ا ر ذ ل ى ط ي ع ا ف ت ر ا

ح ف ؤ د ي ا ا ض أ ر ث ا إ إ و د

ع ئ ض ل ط ق ط ت آ ة ل ظ إ ط ص ل

ا ل ص خ ة ل خ ج آ ط ا د إ ح ظ ف

ط ص ا س ر ز ت ت ب ظ ح د ض ق ف ف

ب ق خ ئ ا ن آ س خ و ر ظ ة و ن ف

ط ذ ت آ ق ض س ض ع ئ غ ش ث ة و ت

ارتفاع
أطلس
مدينة
قارة
بلد
خط الاستواء
كرة
جزيرة
خط العرض
خريطة

ميريديان
جبل
شمال
محيط
منطقة
نهر
بحر
جنوب
غرب
العالمية

98 - Jazz

ى	م	ز	ل	ق	ة	ي	ق	ي	س	و	م	ة	ل	ف	ح
آ	ت	ب	ذ	ئ	آ	ر	و	ه	ش	م	د	ض	ظ	ا	ف
ص	ج	خ	ض	ؤ	ك	ت	ث	ؤ	ز	ث	ا	ن	ع	ت	ز
أ	ز	ى	ي	ل	خ	ة	ن	ا	ة	ي	ش	ت	ر	ك	ز
غ	ب	ب	ف	ن	ا	ن	د	ي	د	ج	ل	ا	ب	ف	ر
ن	ن	ف	ذ	ض	ح	ق	ص	ش	ب	ط	ع	ه	ز	ؤ	د
ي	ن	ي	ز	ل	ا	ج	ت	ر	ا	ل	ا	د	ك	ذ	ج
ة	ظ	ث	م	ة	آ	غ	ص	ى	ط	و	ق	س	س	ا	إ
ل	ع	ت	ص	ف	ي	ق	د	ي	م	ب	ي	ف	س	ت	أ
ض	ل	ذ	ؤ	ة	ا	ؤ	ق	ل	ن	ط	إ	ن	ة	و	ز
ف	غ	ف	ي	ن	ة	ك	ا	و	ي	ل	ك	ص	ر	ة	ج
م	إ	و	ى	ق	ي	س	و	م	و	ا	ز	ك	ل	آ	ك
ل	ث	ص	إ	ك	ن	ت	ئ	ؤ	ك	ة	س	آ	ع	ث	ط
ا	ز	خ	ئ	ف	ق	ف	آ	ق	ت	ت	م	و	ب	ل	أ
ي	ز	ي	ك	ر	ت	ل	ا	آ	ر	ظ	ل	آ	ق	م	ث
ف	ض	إ	غ	ؤ	م	ذ	آ	ا	ظ	ئ	ذ	ل	ف	ش	ب

الارتجال
موسيقى
الجديد
قديم
أوركسترا
إيقاع
أغنية
نمط
المواهب
تقنية

ألبوم
تصفيق
فنان
ملحن
تكوين
حفلة موسيقية
الطبول
التركيز
مشهور
المفضلة

99 - Nature

ن	ئ	ل	ن	ك	آ	م	ج	ئ	إ	ا	ا	م	ن	ش	ة
ش	ك	ش	ث	ص	ث	ظ	ه	د	ع	ل	ل	ت	ي	ذ	م
ا	ل	ن	ح	ل	ا	ظ	ا	د	ف	ق	ح	ح	ا	ة	ل
ث	ع	ز	ج	ك	ح	ث	د	ط	ن	ط	ي	ر	ح	ن	ب
ئ	ك	ة	ش	آ	ذ	ن	ئ	ب	ص	ب	و	ك	ب	إ	ل
ا	ك	ذ	غ	ت	ه	ي	و	ي	ح	ا	ا	ج	ر	ر	د
إ	و	ت	ا	ر	س	ص	و	م	أ	ل	ن	ف	غ	ن	ص
ض	ب	ا	ب	م	ل	ا	ذ	ل	و	ش	ا	و	ج	ح	ج
ة	ا	ر	ة	ل	م	س	ي	س	ر	م	ت	ح	ر	غ	ي
ش	ح	د	ي	ر	ب	ت	ث	ج	ا	ا	ة	ا	آ	ط	س
ث	س	ح	ن	د	ب	و	ل	ي	ق	ل	ء	ج	ص	ئ	ذ
ث	ث	ن	ط	ظ	ج	ا	و	ف	ا	ي	ث	ق	إ	آ	و
ب	د	م	ى	ق	ت	ئ	ق	ز	ل	ج	ط	ا	خ	ز	ر
ز	ع	ل	س	و	ج	ي	ا	ق	ش	م	ك	م	م	ذ	و
ك	خ	ا	ح	إ	م	ئ	ث	ظ	ج	ا	ف	ث	غ	ي	ر
ي	ق	ا	ش	ئ	ل	س	غ	ص	ر	ل	ظ	ش	ل	ي	ت

أوراق الشجر
غابة
مثلجة
سلمي
نهر
ملاذ
هادئ
استوائي
حيوي
بري

الحيوانات
القطب الشمالي
جمال
النحل
المنحدرات
سحاب
صحراء
متحرك
تآكل
ضباب

100 - Vacation #2

ص	ض	ذ	خ	ئ	ة	ا	ا	ف	د	ح	س	غ	ا	ا	ة
خ	ي	م	ة	ط	ي	ر	خ	م	ت	خ	ي	ي	م	ل	ذ
ت	ج	ك	ظ	ا	ك	ك	ح	و	ط	م	ع	ف	إ	ت	ظ
ث	ج	ج	ب	ش	ا	ج	ل	ب	د	ع	ا	ك	أ	ر	س
ث	ع	ة	ر	ي	ش	أ	ت	و	ط	ت	م	ا	ج	ف	ل
د	آ	ا	ل	ن	ق	ل	م	ر	ص	ث	ى	ظ	ن	ي	ر
غ	ؤ	ة	ا	ح	م	ض	غ	خ	م	ع	ذ	ئ	ب	ه	ق
ى	ئ	ت	ب	ج	ر	ا	ط	ق	ة	ي	ج	ح	ي	ظ	ق
س	ت	م	ج	ث	ف	ى	و	د	ت	ا	ك	س	ي	ف	ظ
ة	ي	ع	ل	ل	س	و	غ	ص	ج	ز	ي	ر	ة	ف	ة
ت	ر	ط	ا	ق	ز	ك	ر	ح	إ	س	م	ا	غ	ث	ة
ف	ك	ل	س	ز	ا	ف	د	ى	ف	ن	د	ق	ش	ج	ك
ذ	ف	ة	ه	ج	و	ض	ط	ي	غ	ا	د	ز	ل	ع	ع
ى	د	ض	ت	ؤ	ج	ل	ح	م	ط	ا	ر	ئ	ع	ذ	ص
ف	ح	غ	ث	ق	ق	آ	ل	ب	ص	ض	و	ز	س	م	ج
ؤ	ت	ة	ق	ك	ش	ج	ع	ن	ر	ت	غ	غ	ج	آ	آ

خريطة
الجبال
جواز سفر
مطعم
بحر
تاكسي
خيمة
قطار
النقل
تأشيرة

مطار
شاطئ
تخييم
وجهة
أجنبي
عطلة
فندق
جزيرة
رحلة
الترفيه

1 - Antiques

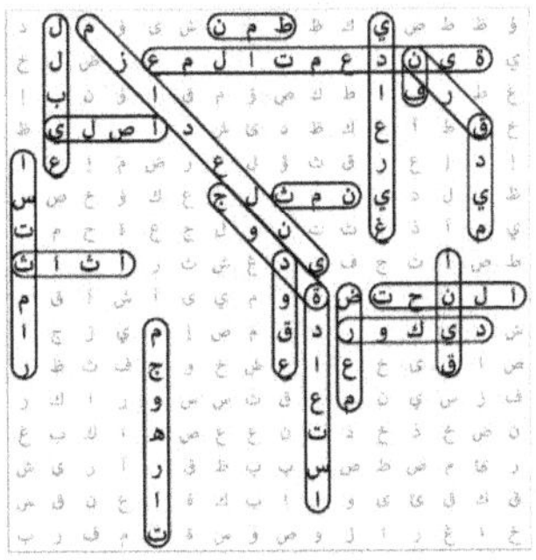

2 - Food #1

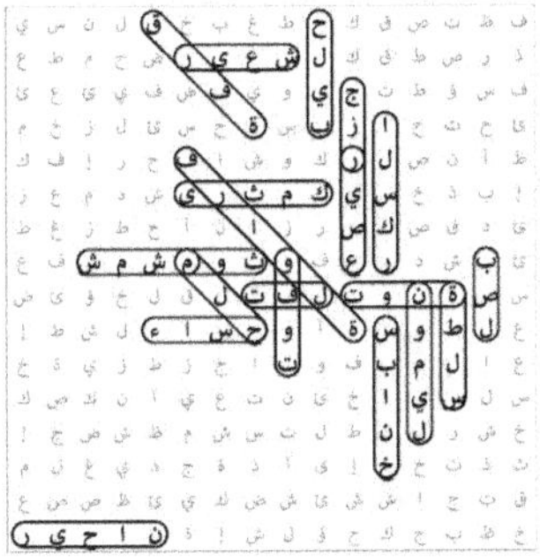

3 - Measurements

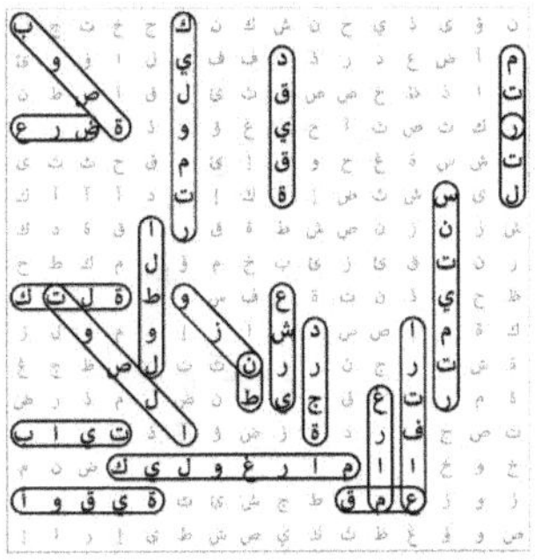

4 - Farm #2

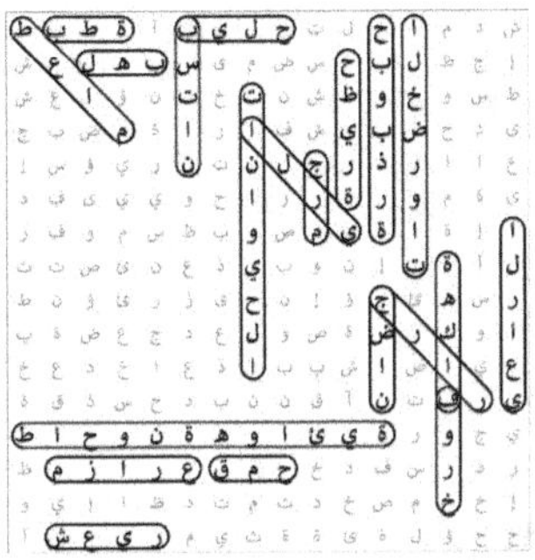

5 - Books

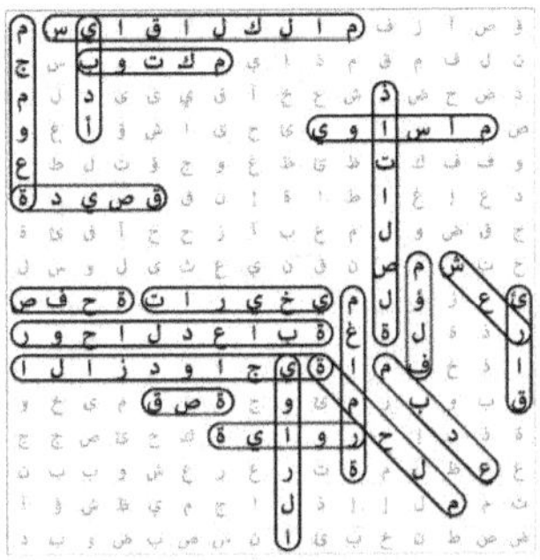

6 - Meditation

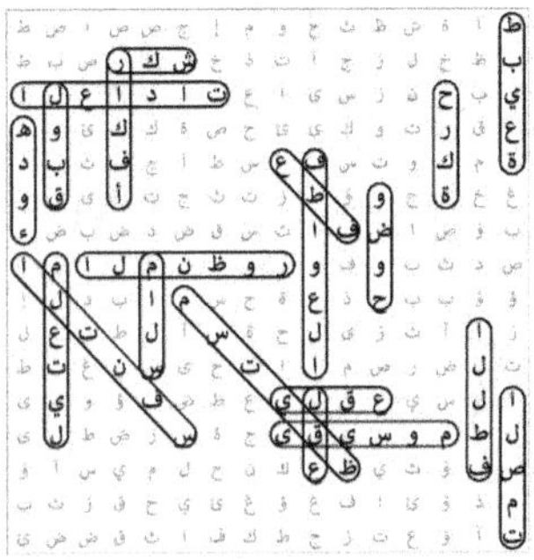

7 - Days and Months

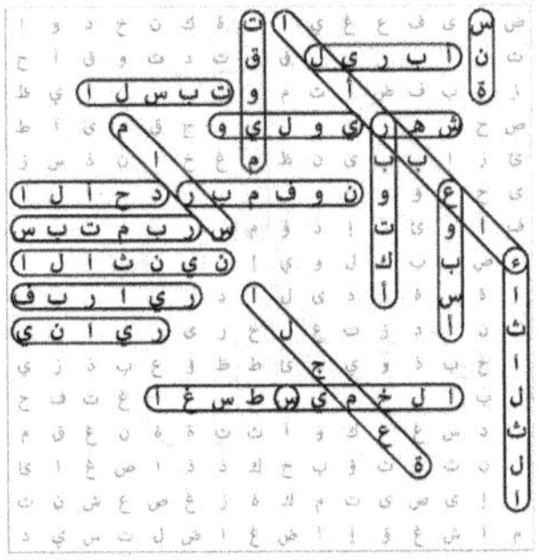

8 - Energy

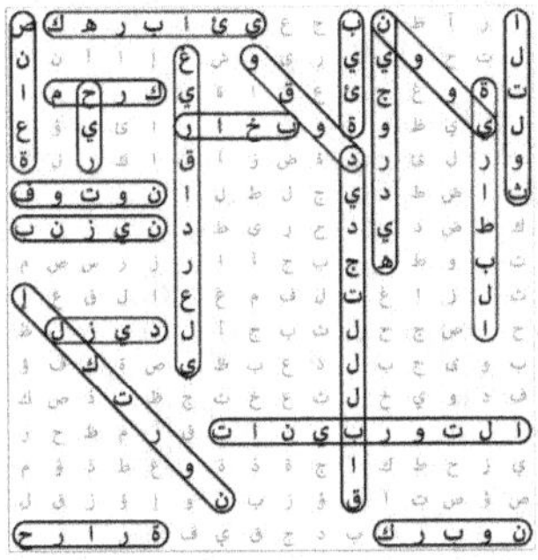

9 - Chess

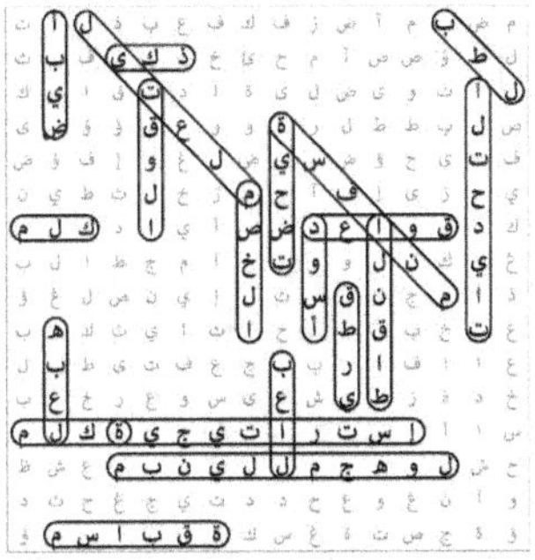

10 - Archeology

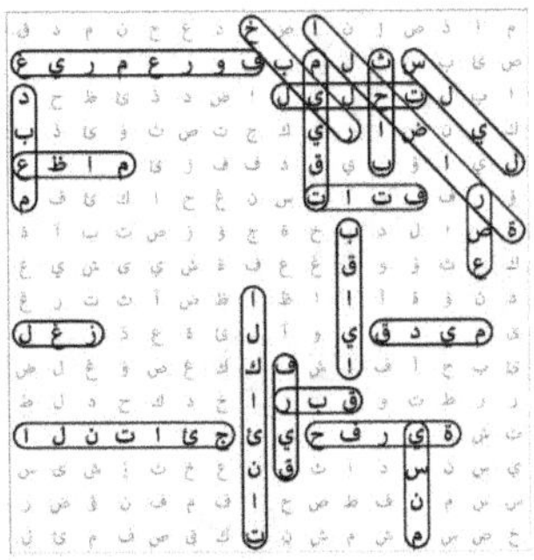

11 - Food #2

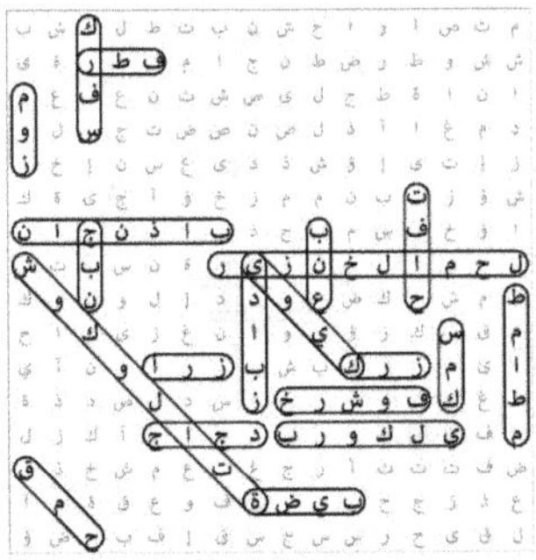

12 - Chemistry

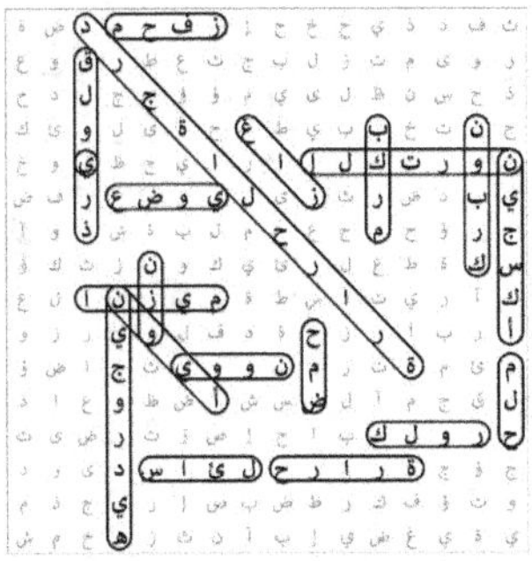

13 - Music

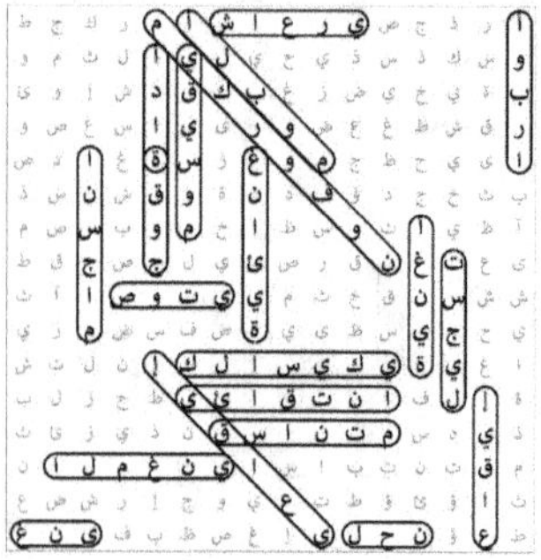

14 - Family

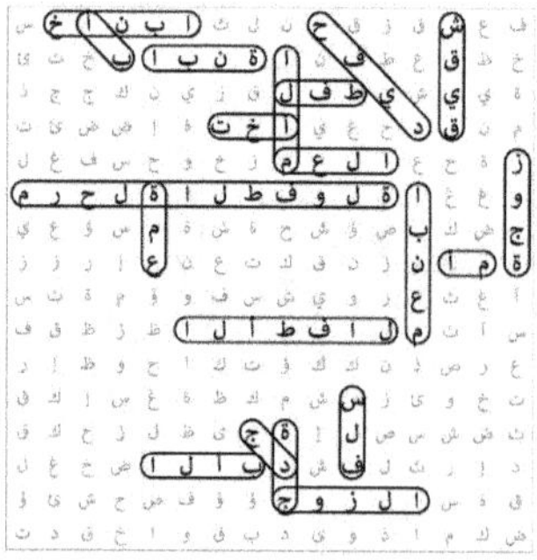

15 - Farm #1

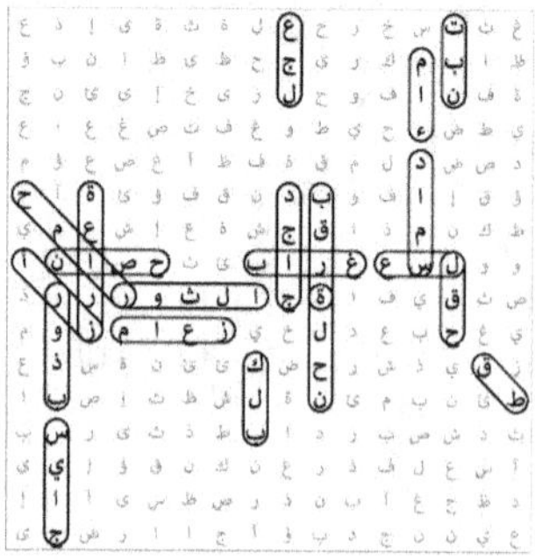

16 - Camping

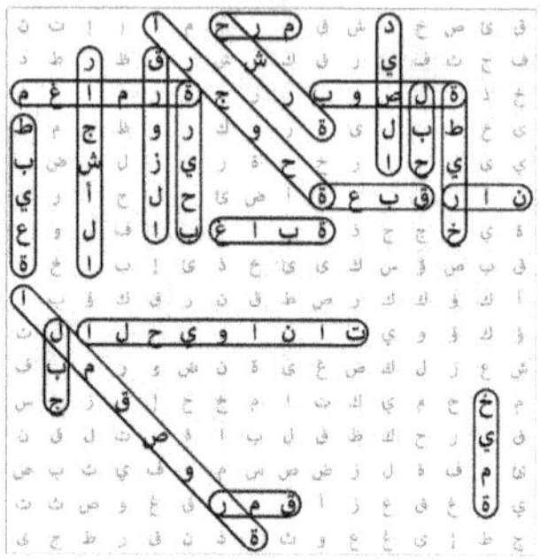

17 - Conservation

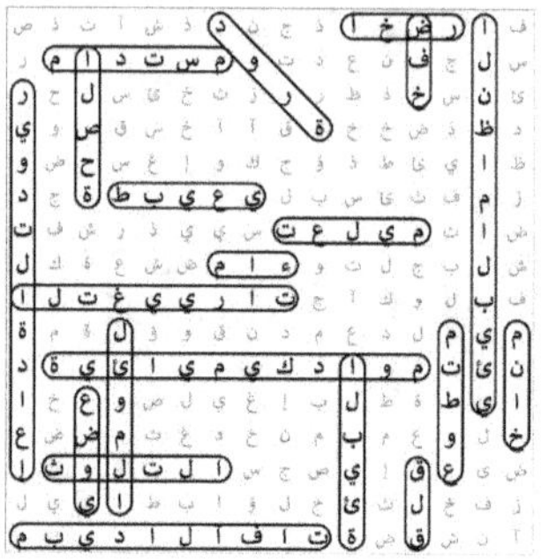

18 - Algebra

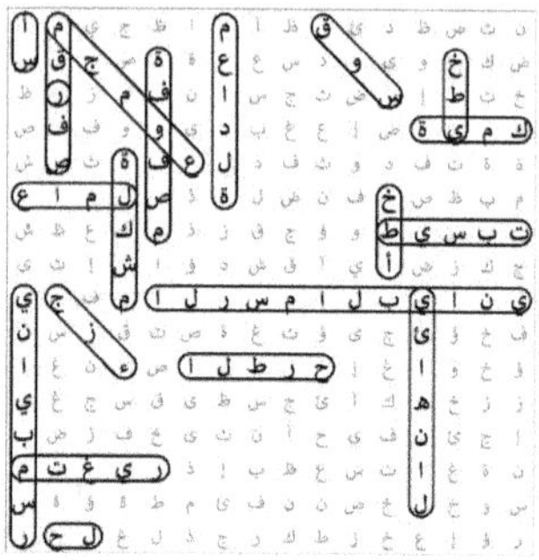

19 - Numbers

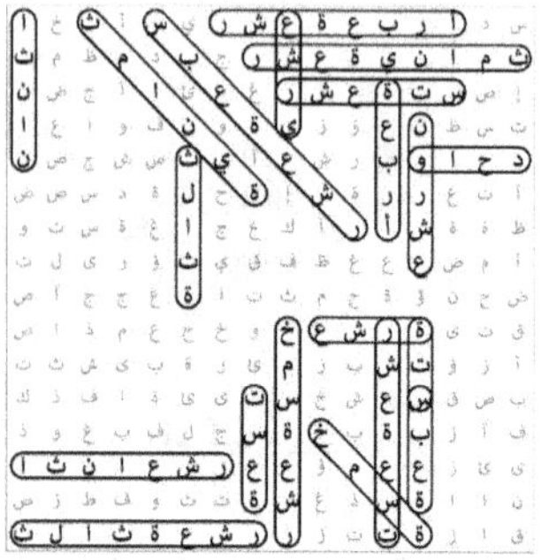

20 - Spices

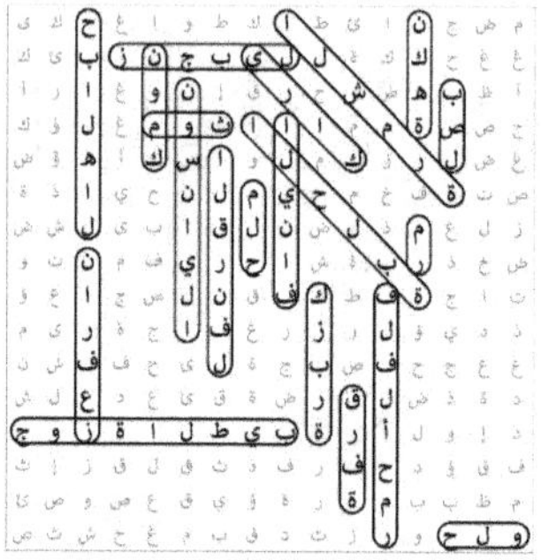

21 - Universe

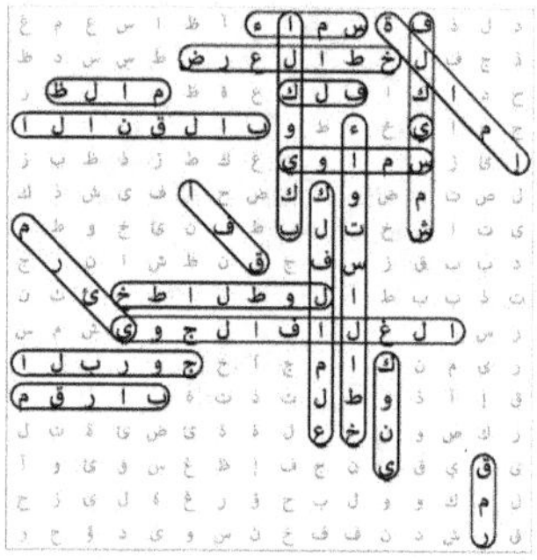

22 - Mammals

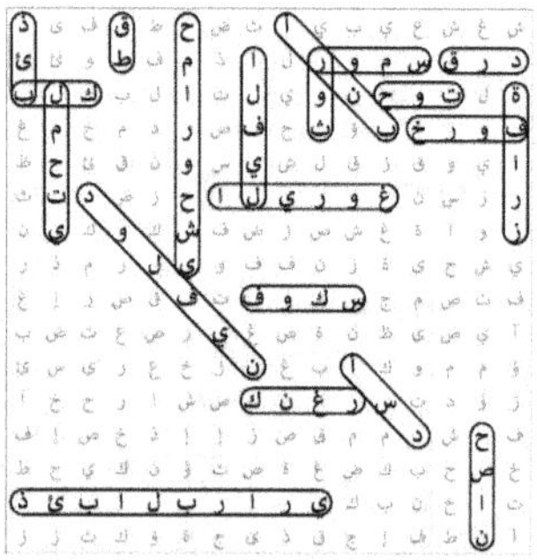

23 - Restaurant #1

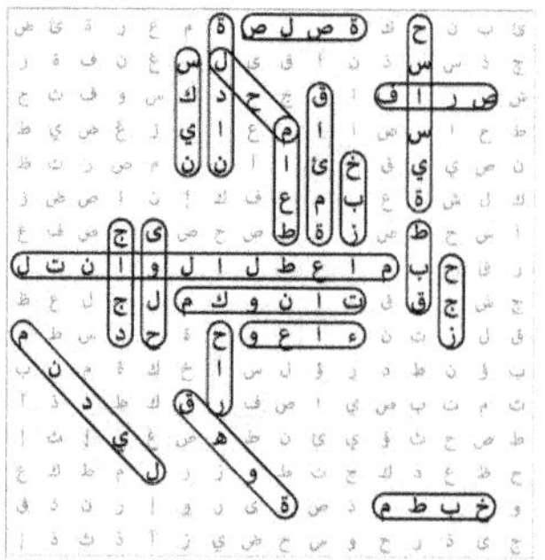

24 - Bees

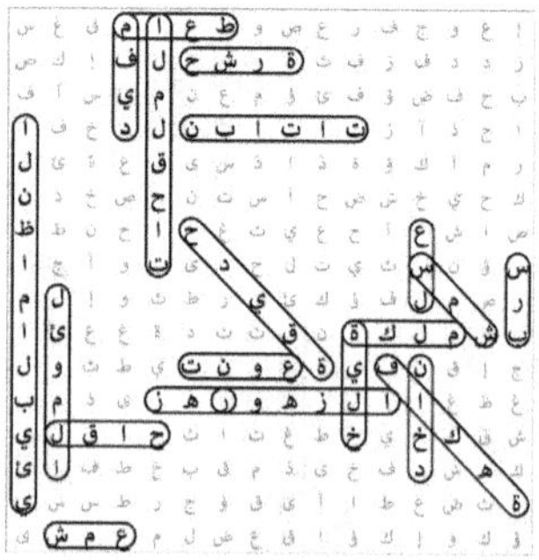

25 - Weather

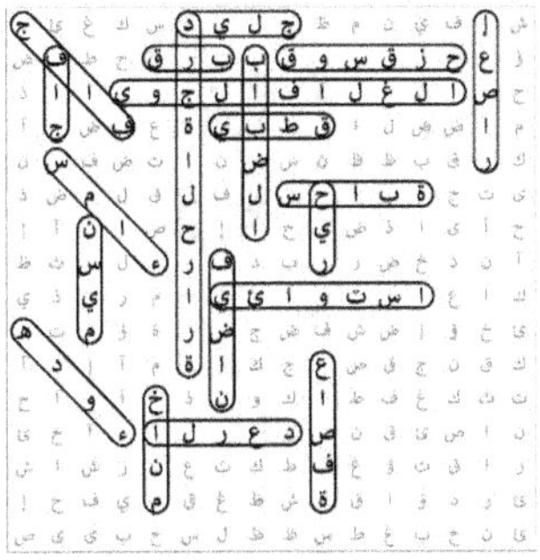

26 - Adventure

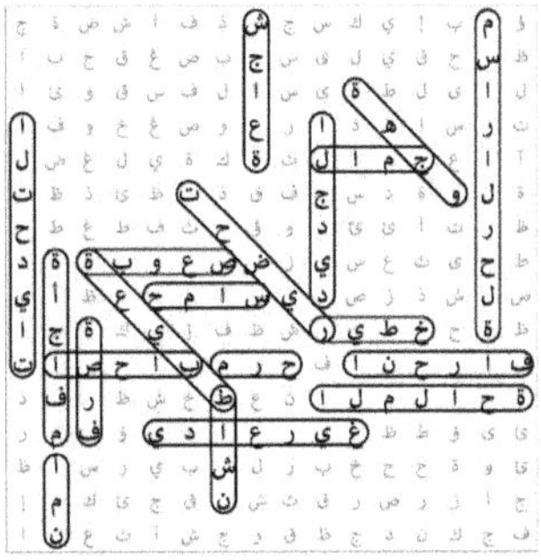

27 - Restaurant #2

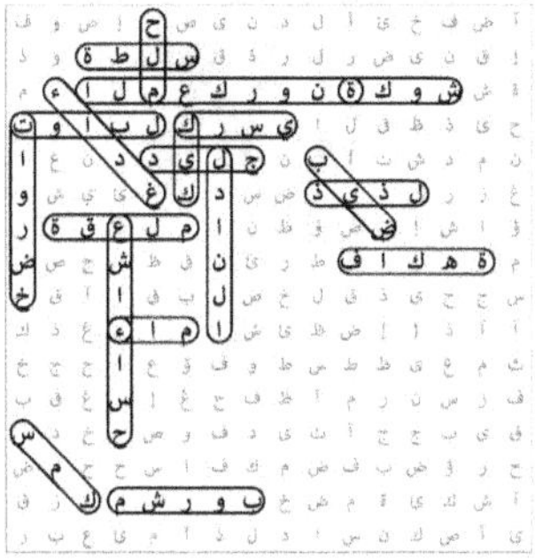

28 - Geology

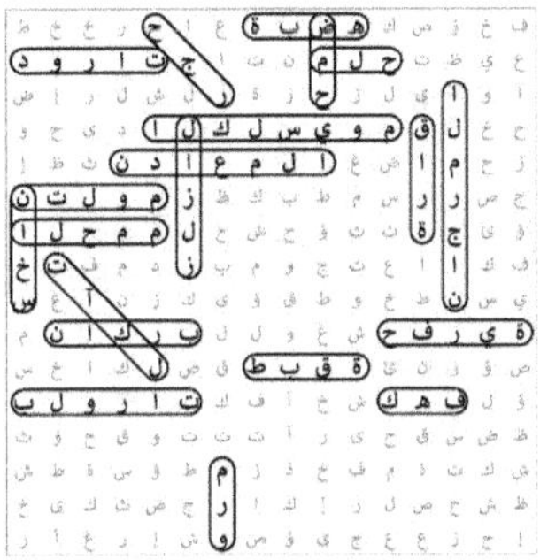

29 - House

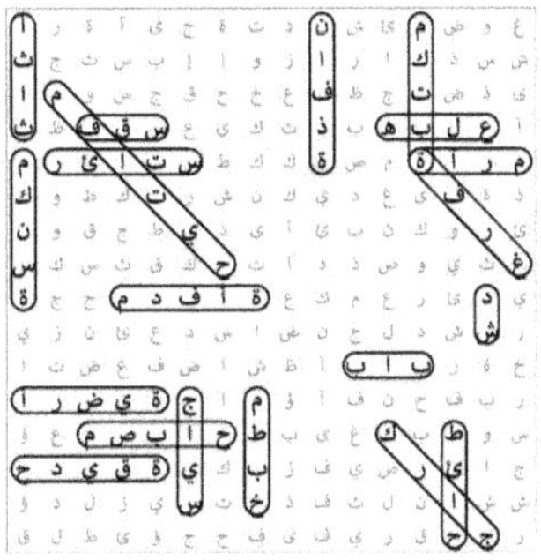

30 - Physics

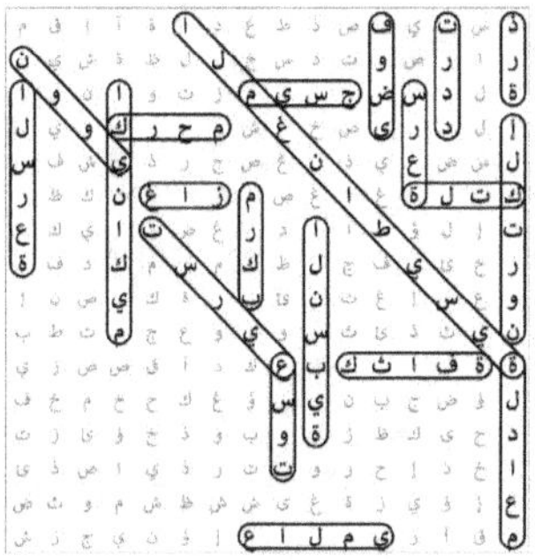

31 - Dance

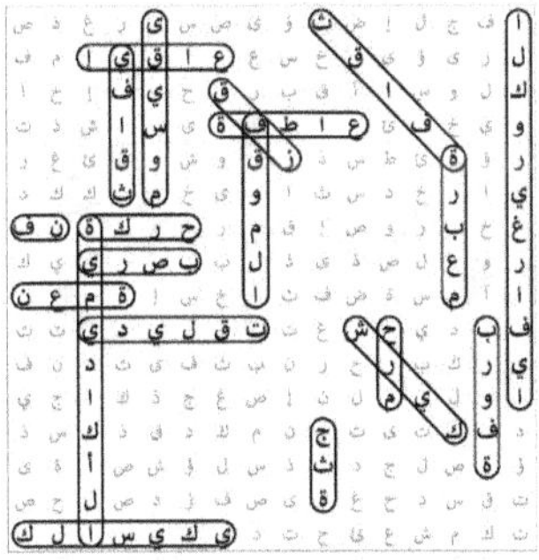

32 - Scientific Disciplines

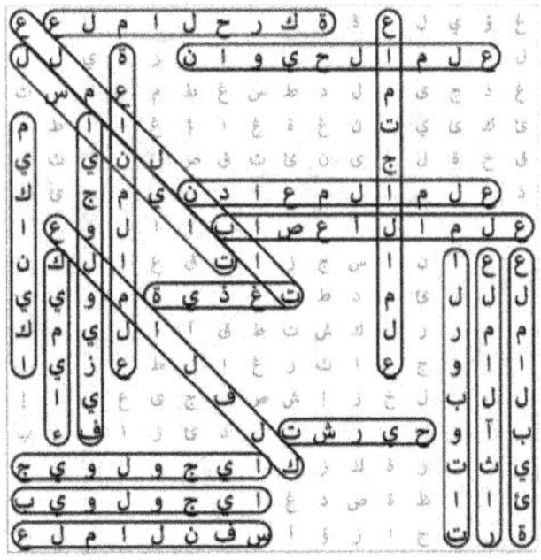

33 - Beauty

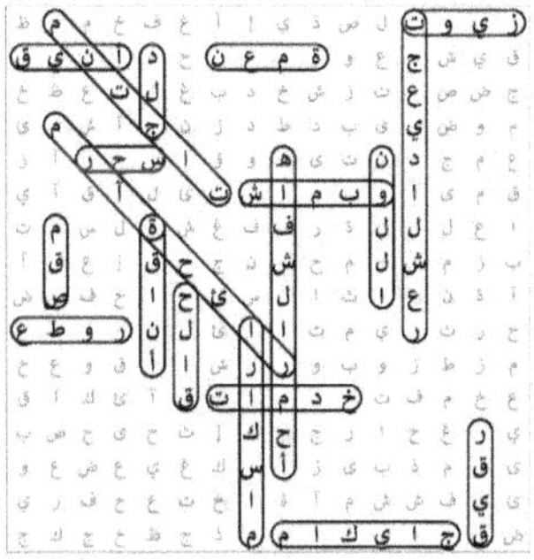

34 - To Fill

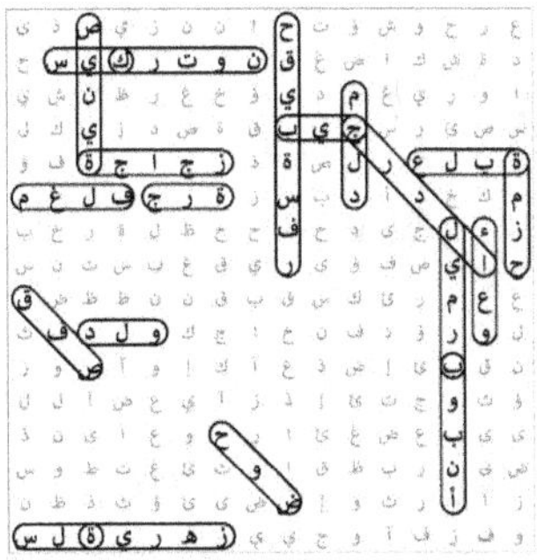

35 - Clothes

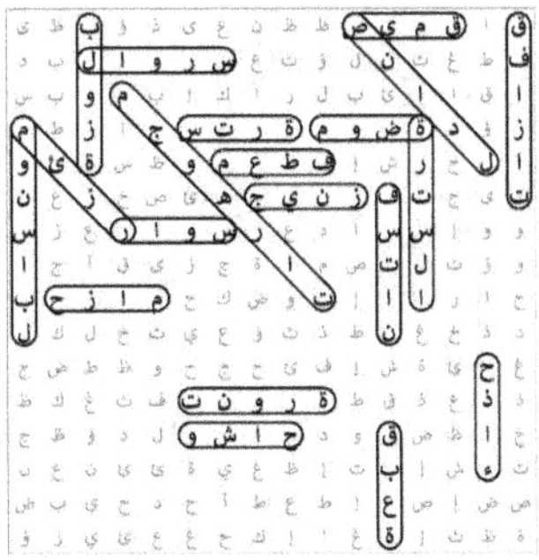

36 - Ethics

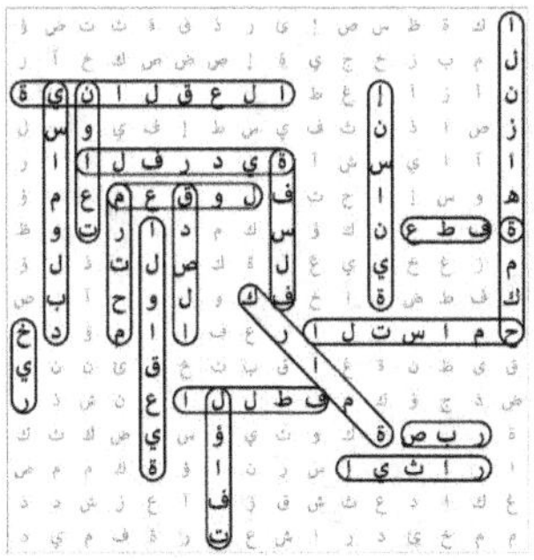

37 - Insects

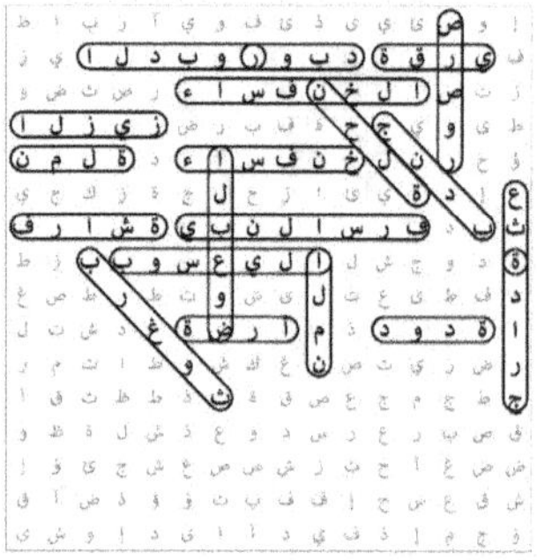

38 - Astronomy

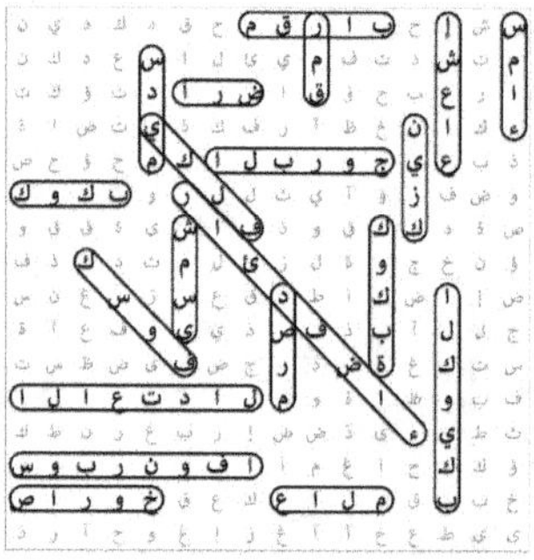

39 - Health and Wellness #2

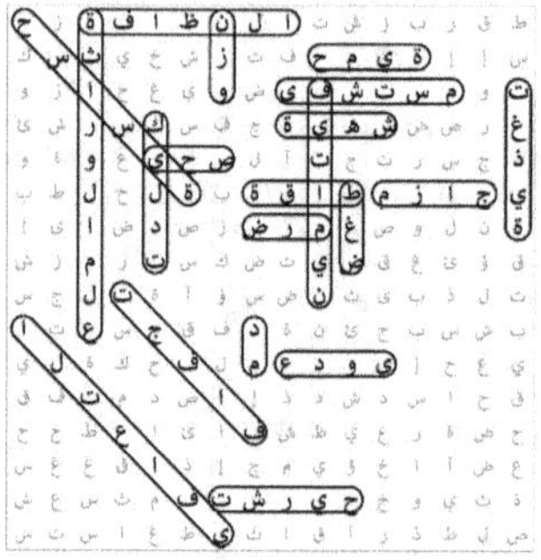

40 - Disease

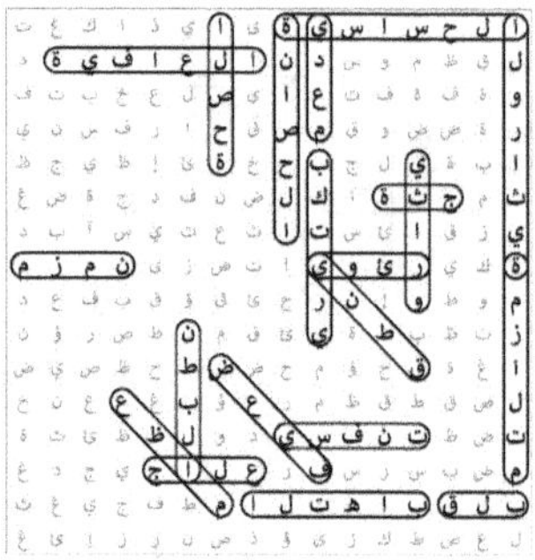

41 - Time

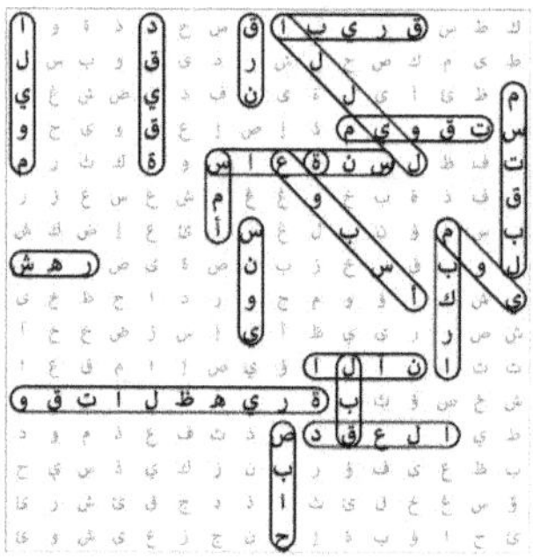

42 - Buildings

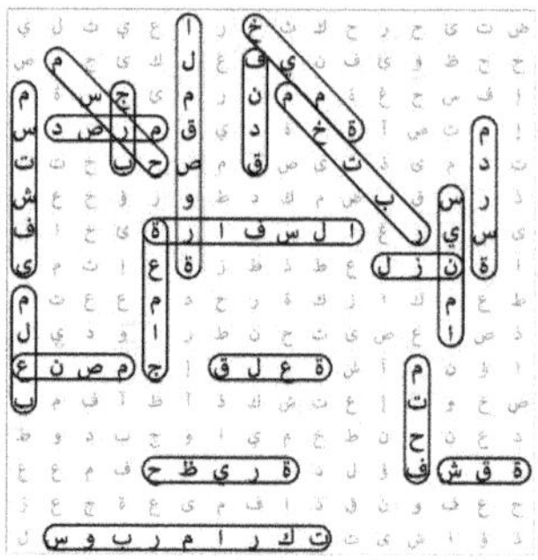

43 - Gardening

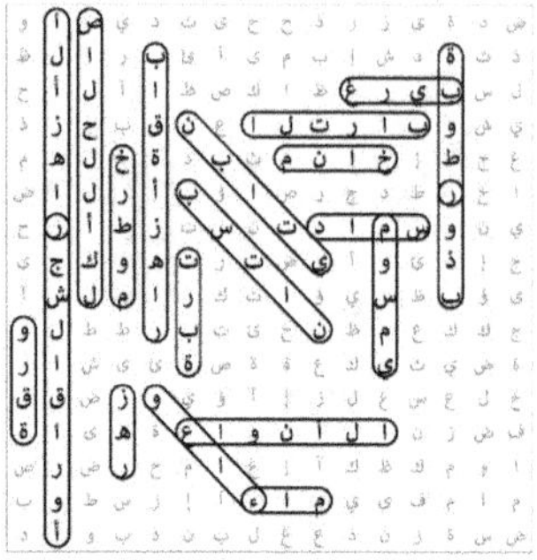

44 - Herbalism

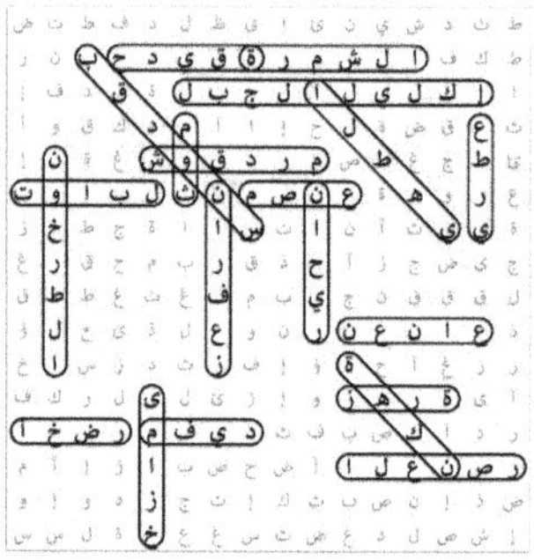

45 - Vehicles

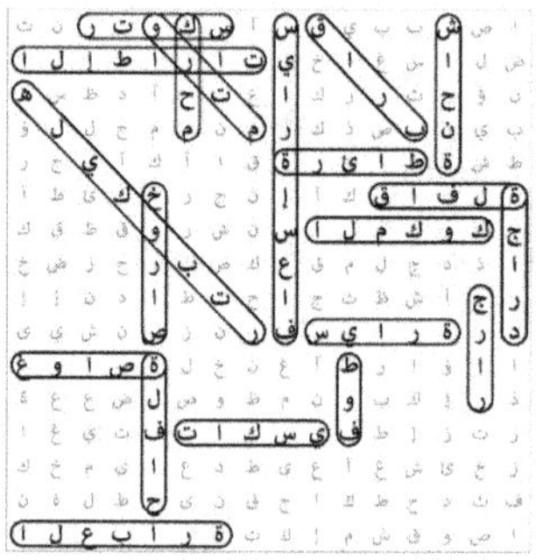

46 - Flowers

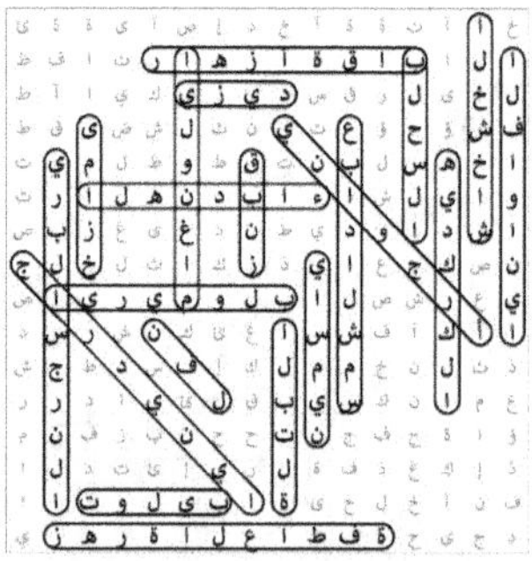

47 - Health and Wellness #1

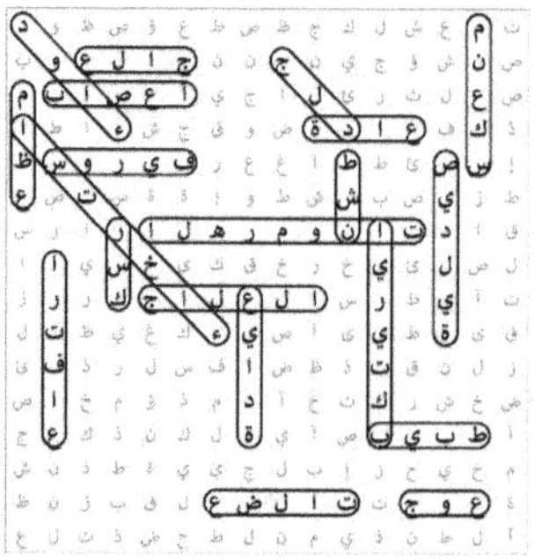

48 - Town

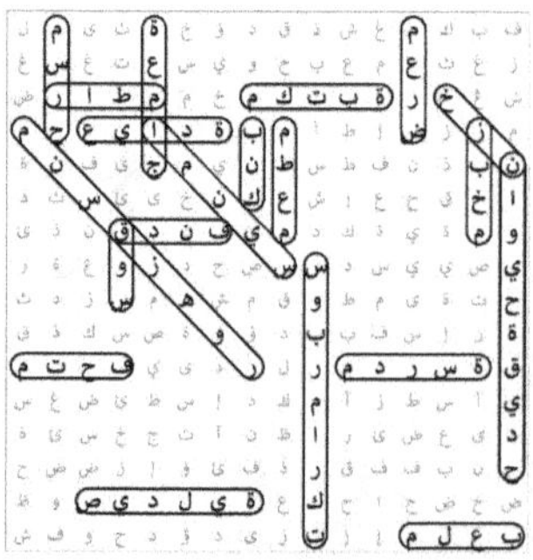

49 - Antarctica

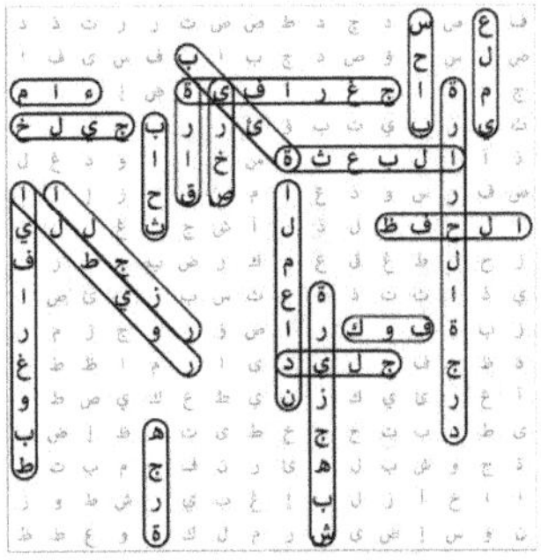

50 - Fashion

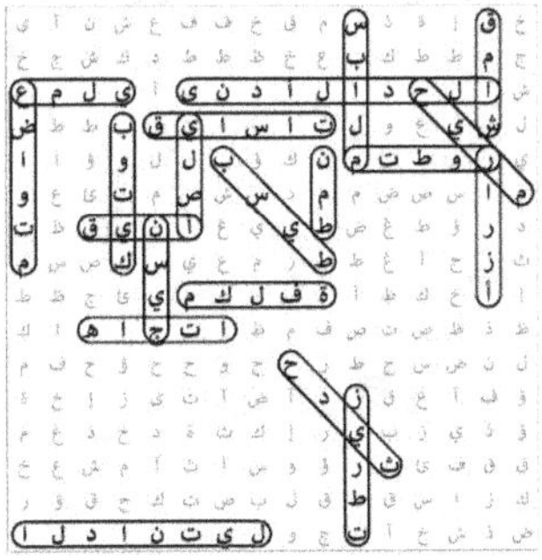

51 - Human Body

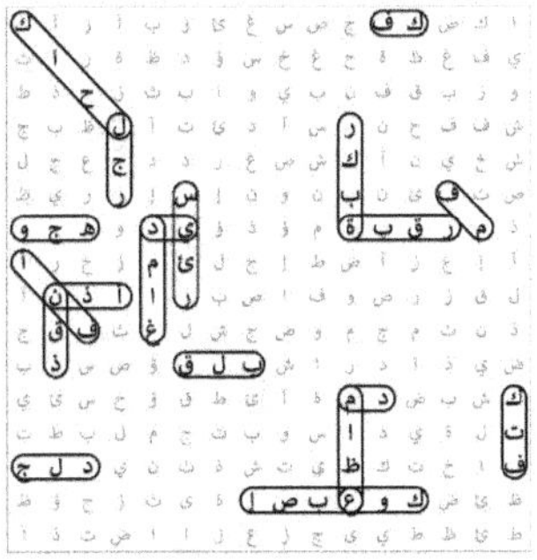

52 - Musical Instruments

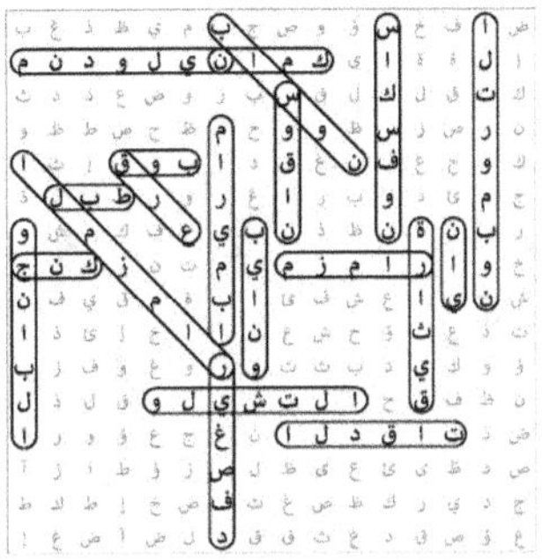

53 - Fruit

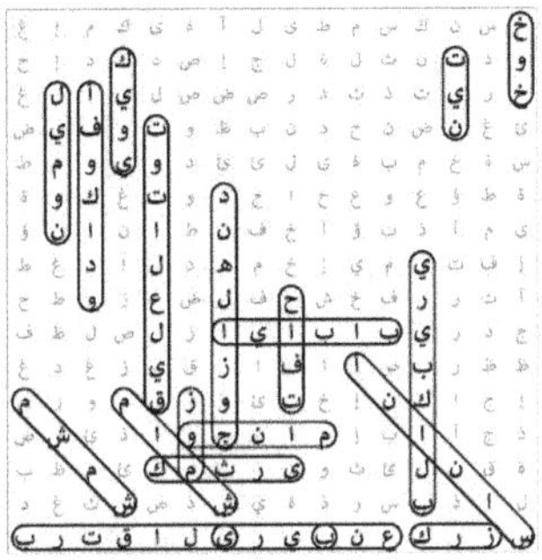

54 - Engineering

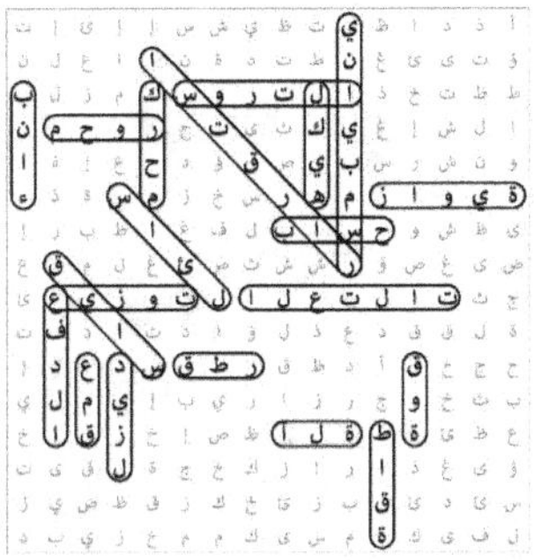

55 - Kitchen

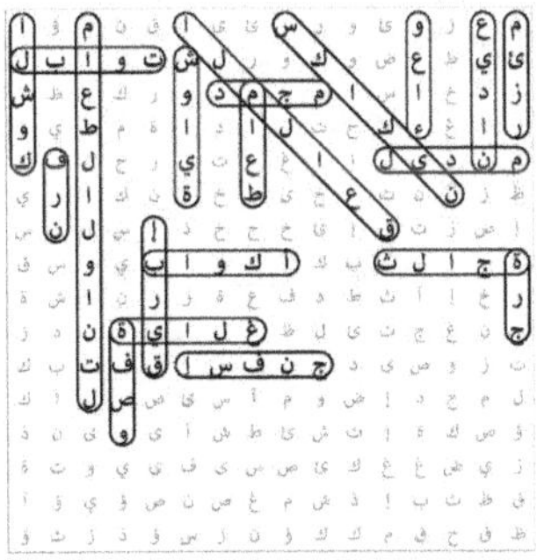

56 - Government

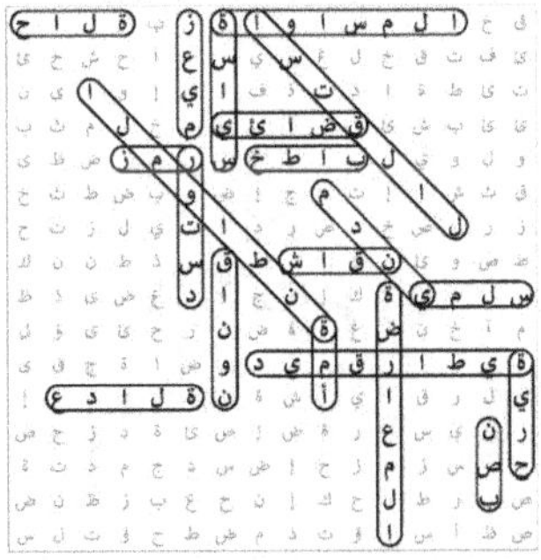

57 - Art Supplies

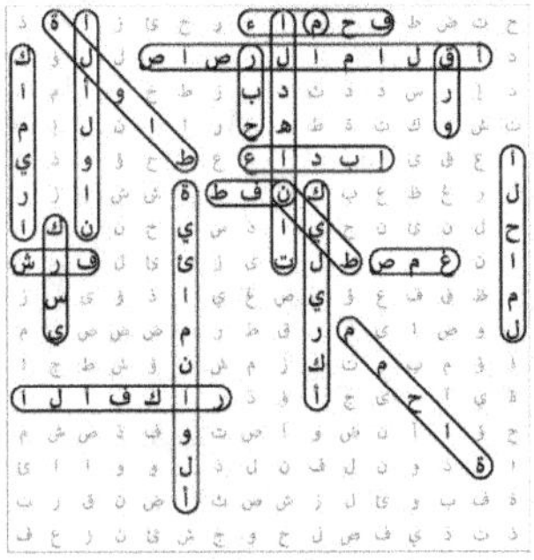

58 - Science Fiction

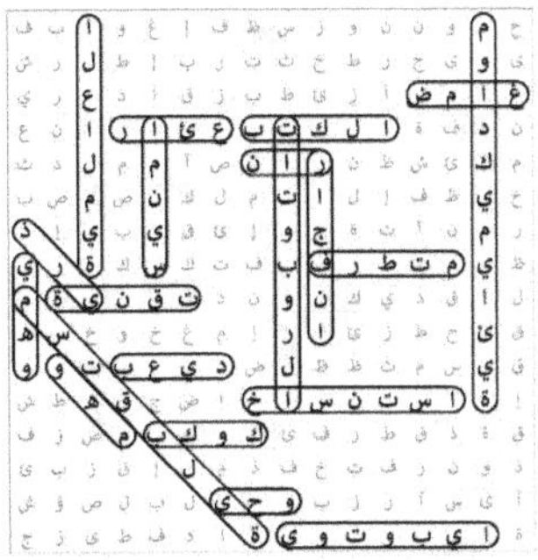

59 - Geometry

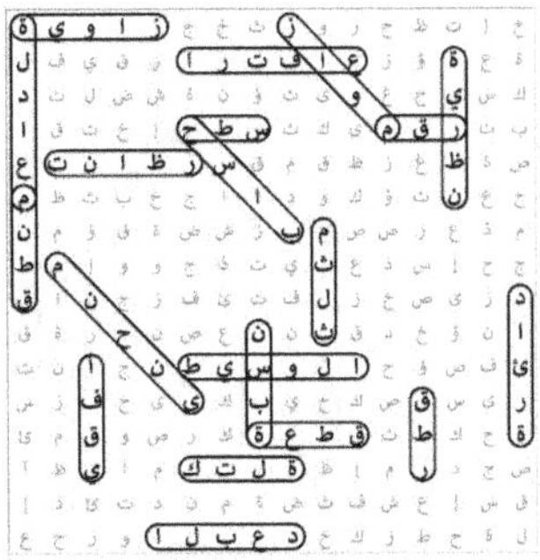

60 - Creativity

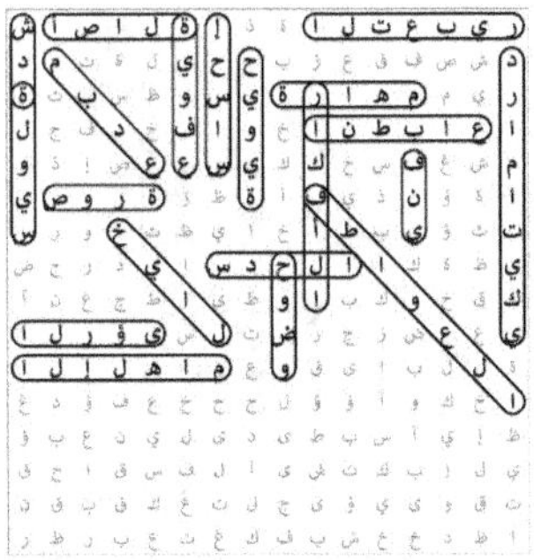

61 - Airplanes

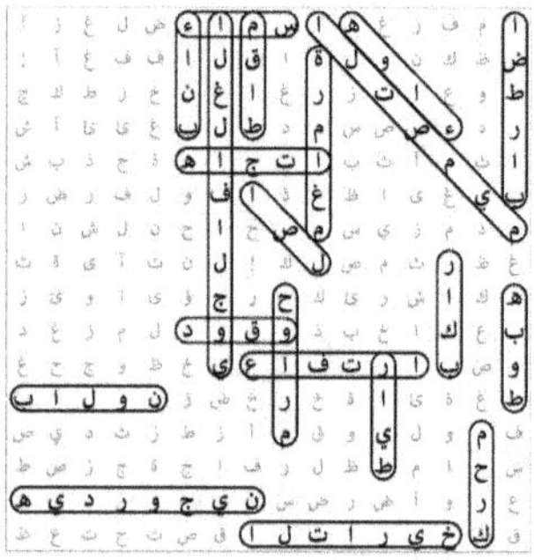

62 - Ocean

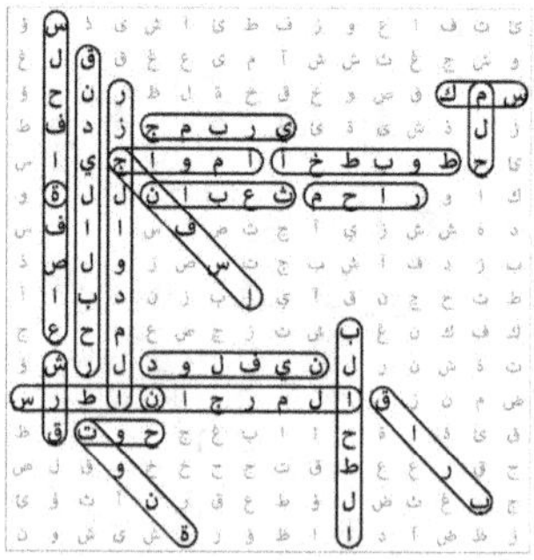

63 - Force and Gravity

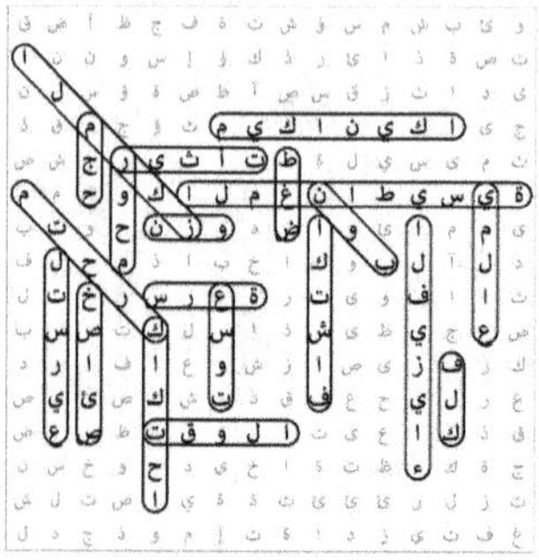

64 - Birds

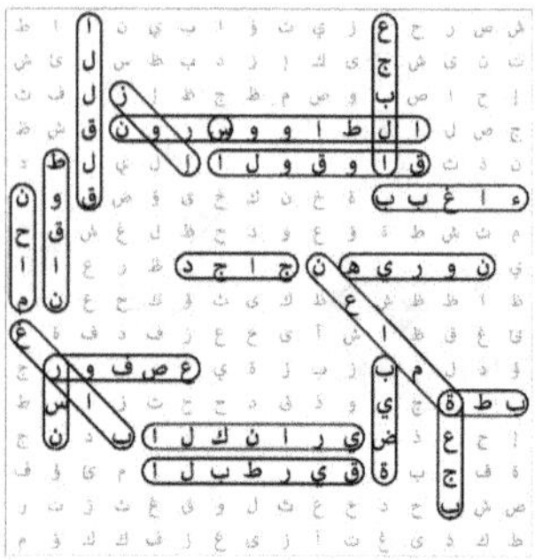

65 - Nutrition

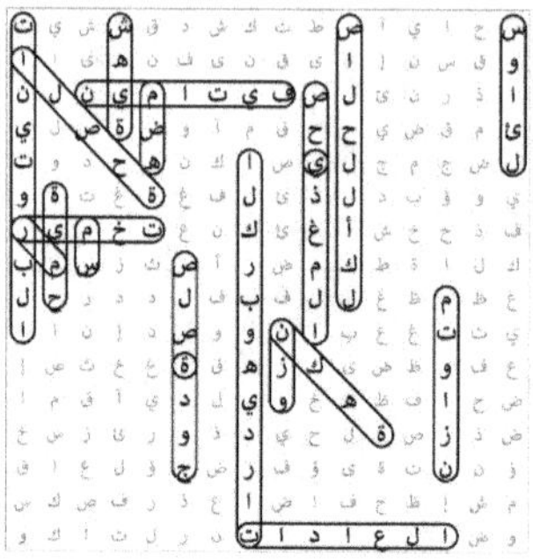

66 - Hiking

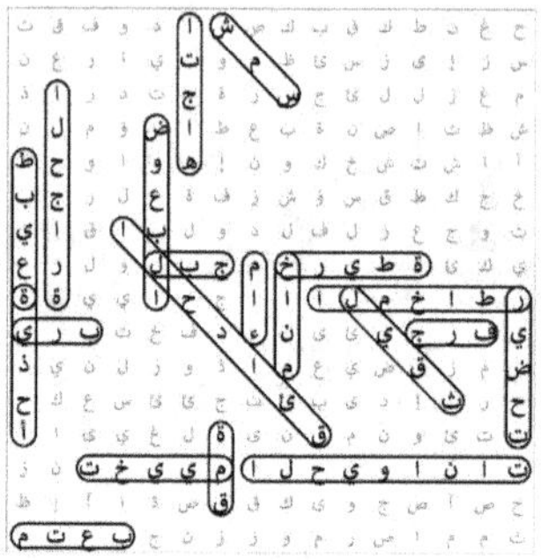

67 - Professions #1

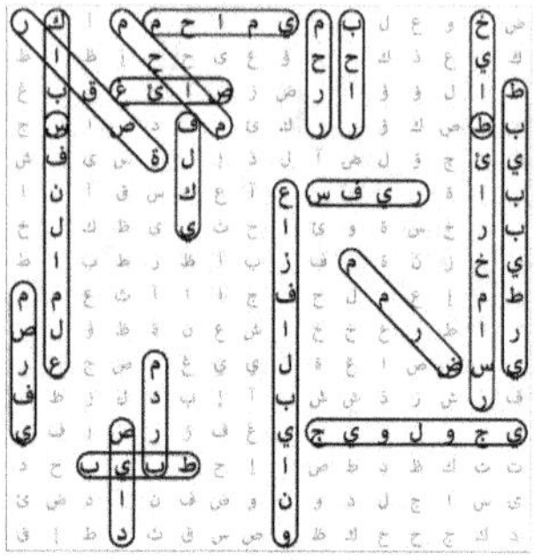

68 - Barbecues

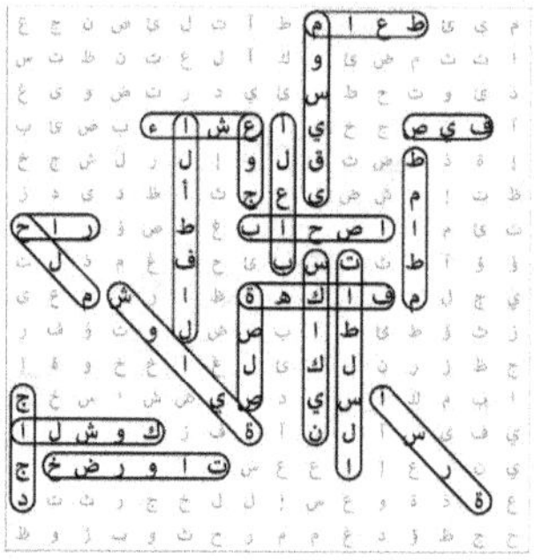

69 - Vegetables

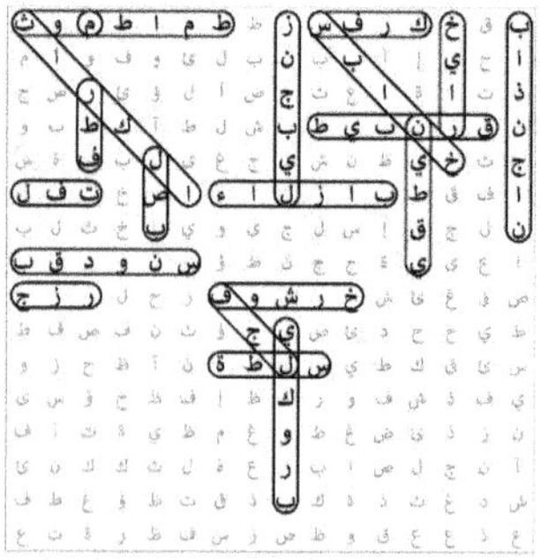

70 - The Media

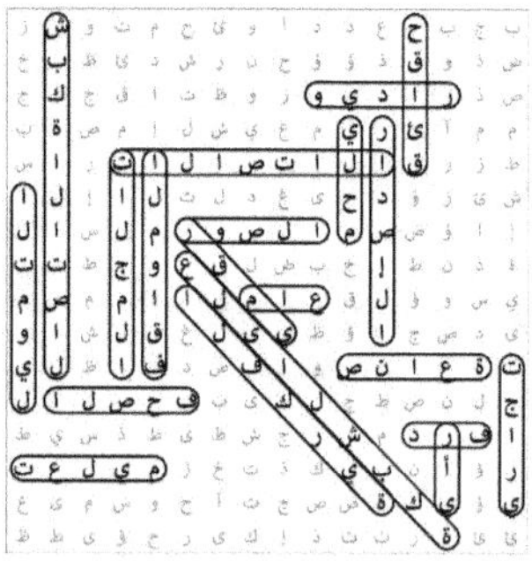

71 - Boats

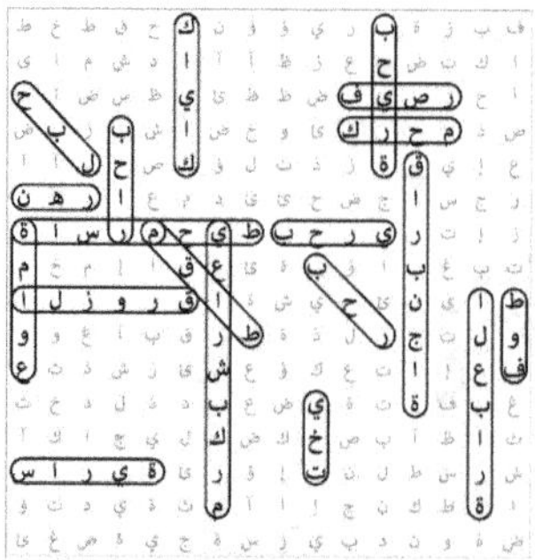

72 - Activities and Leisure

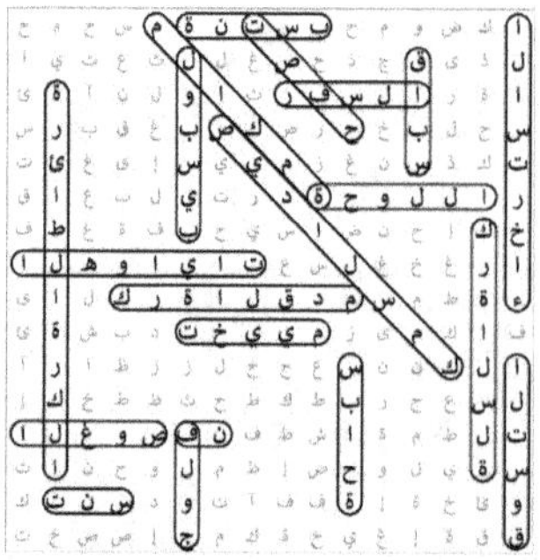

73 - Driving

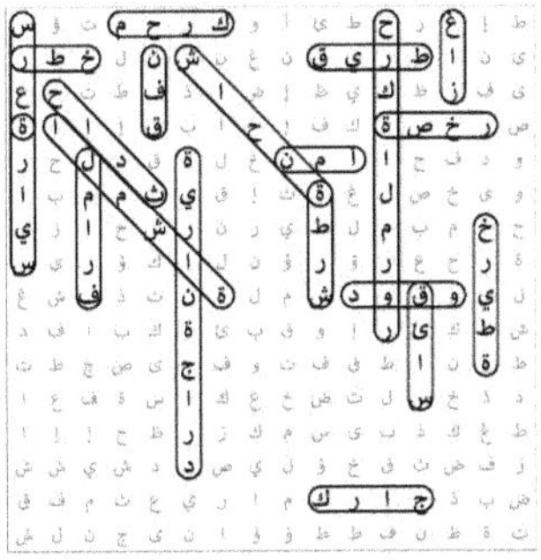

74 - Biology

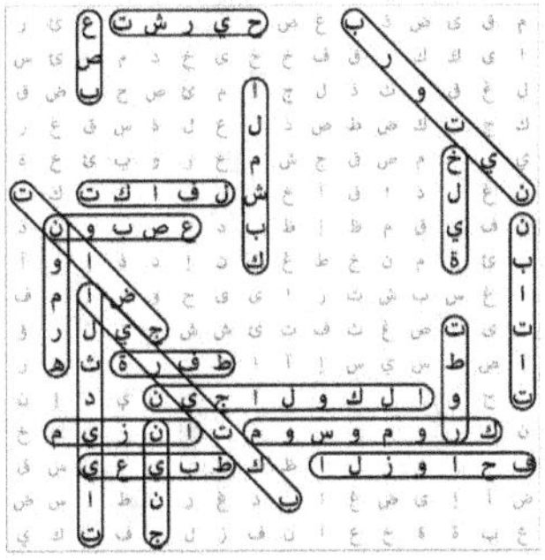

75 - Professions #2

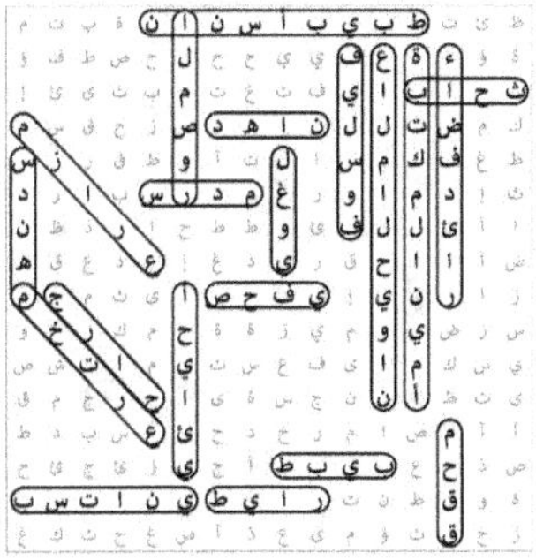

76 - Mythology

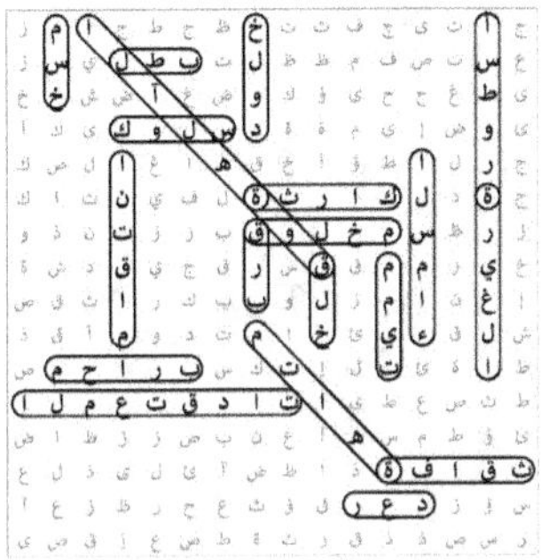

77 - Agronomy

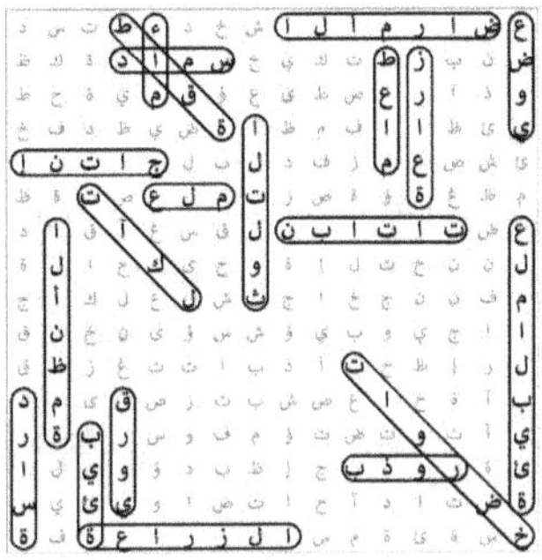

78 - Hair Types

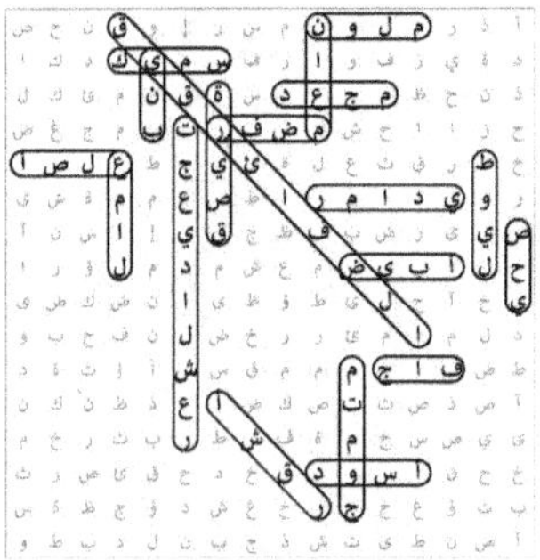

79 - Garden

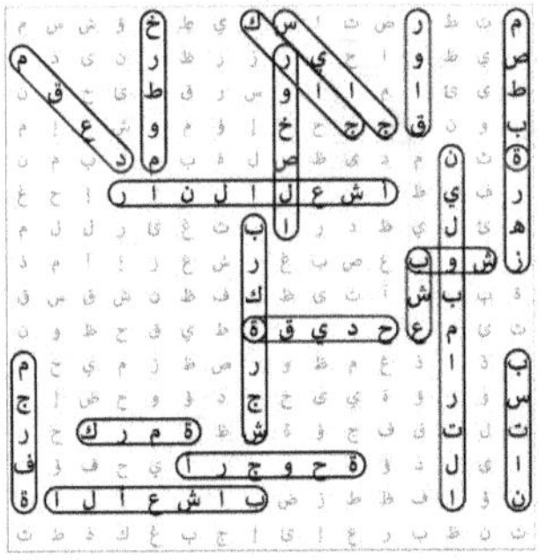

80 - Diplomacy

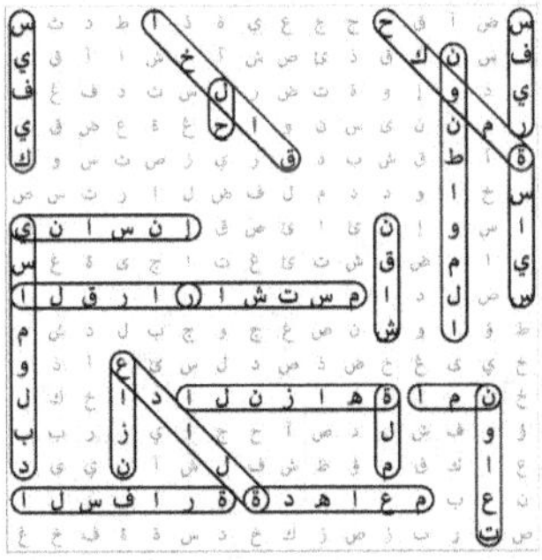

81 - Countries #1

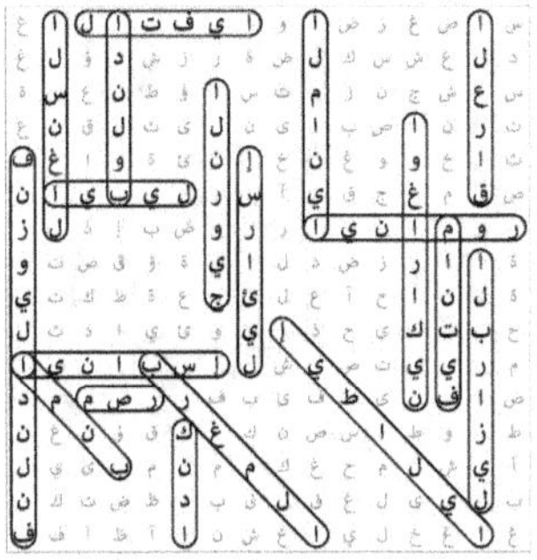

82 - Adjectives #1

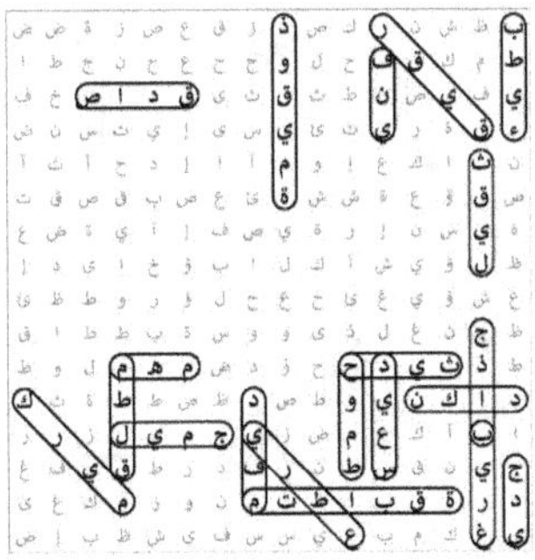

83 - Rainforest

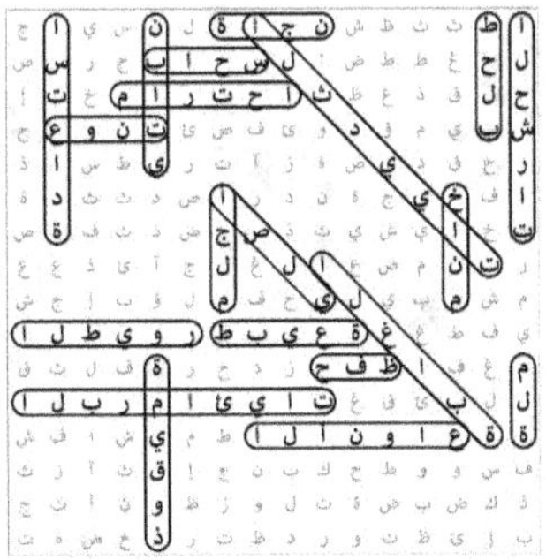

84 - Technology

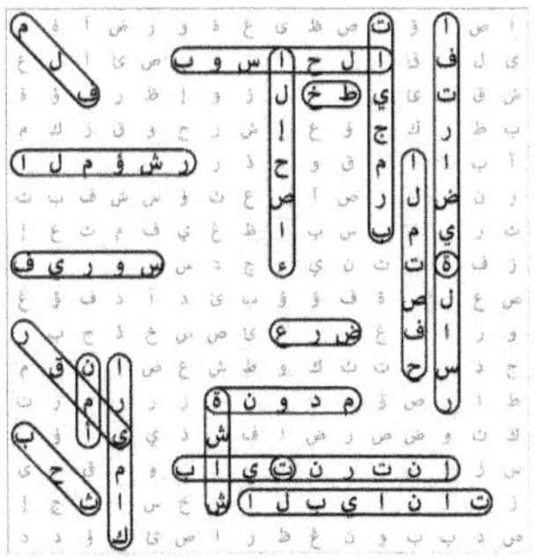

85 - Global Warming

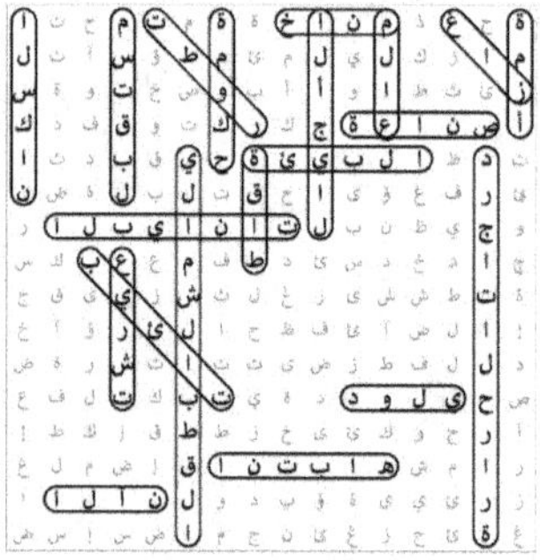

86 - Landscapes

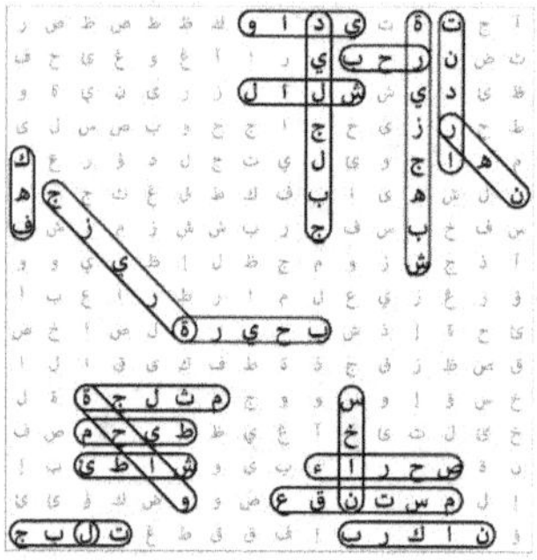

87 - Plants

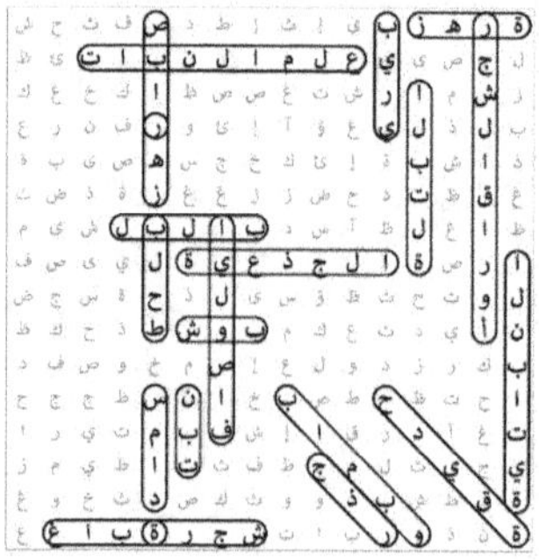

88 - Countries #2

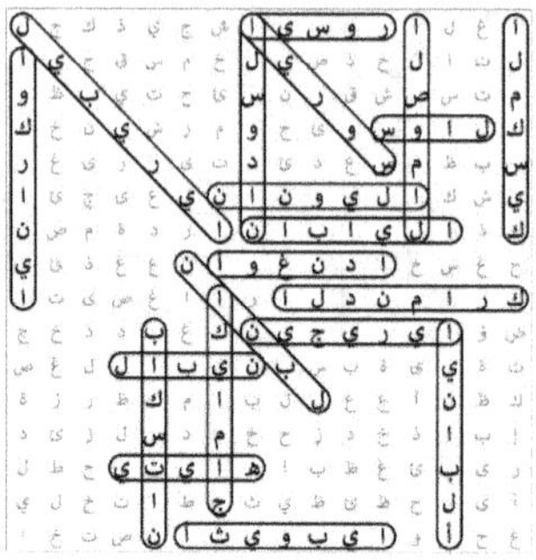

89 - Ecology

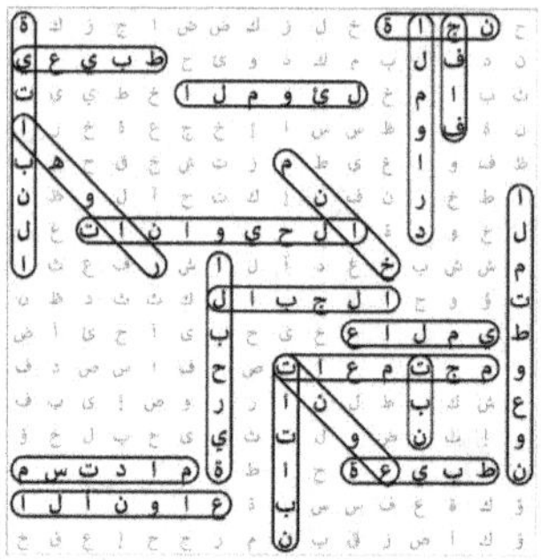

90 - Adjectives #2

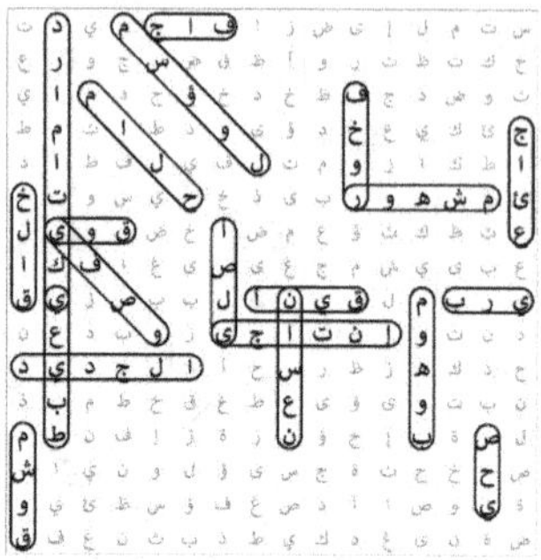

91 - Psychology

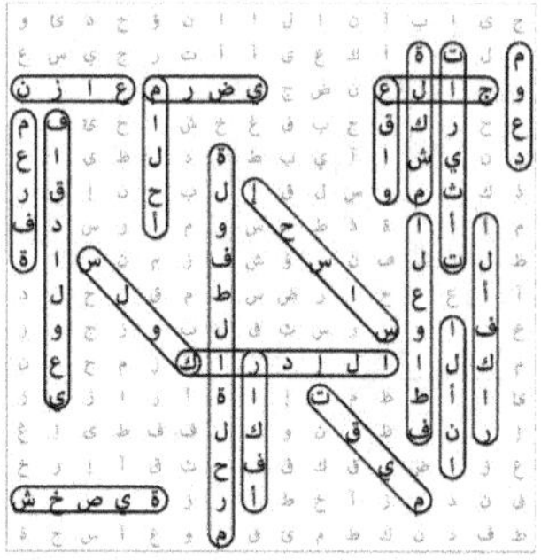

92 - Math

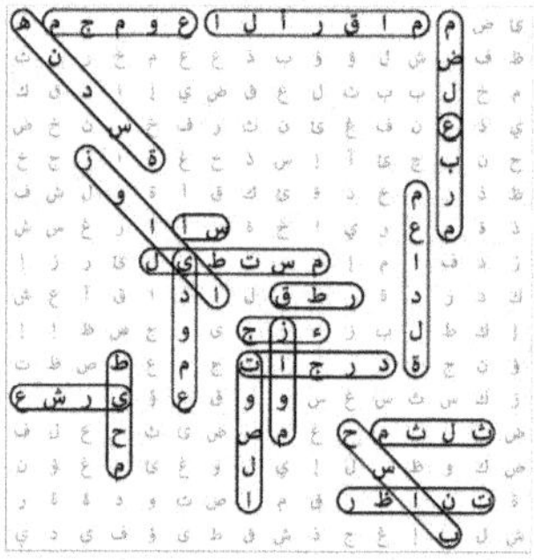

93 - Activities

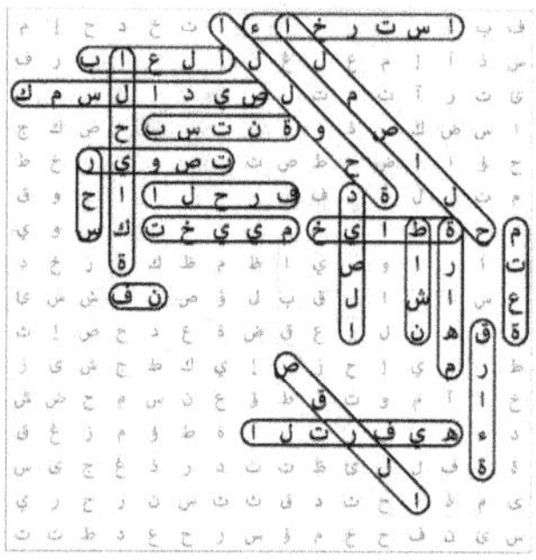

94 - Business

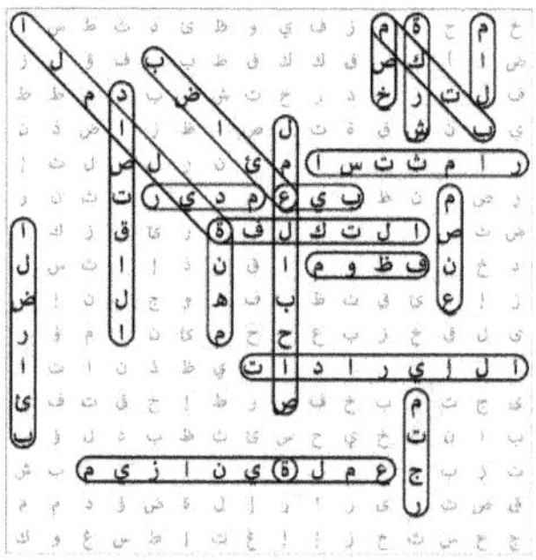

95 - The Company

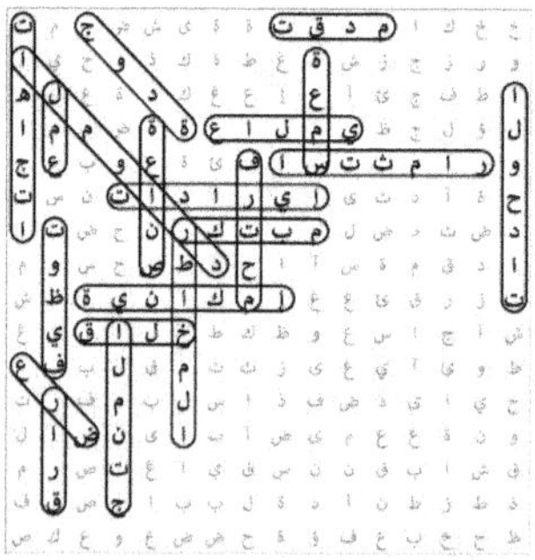

96 - Literature

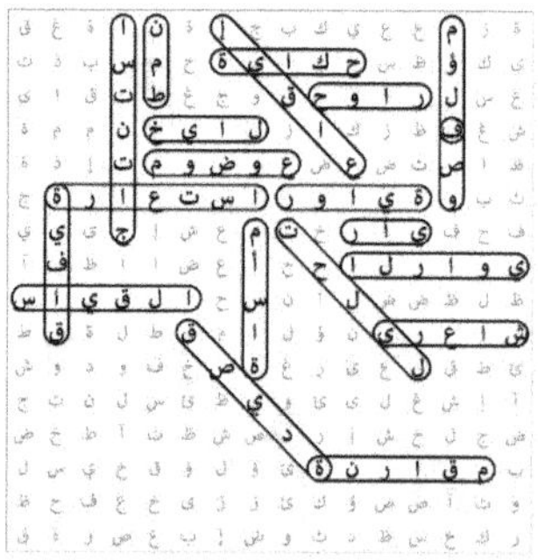

97 - Geography

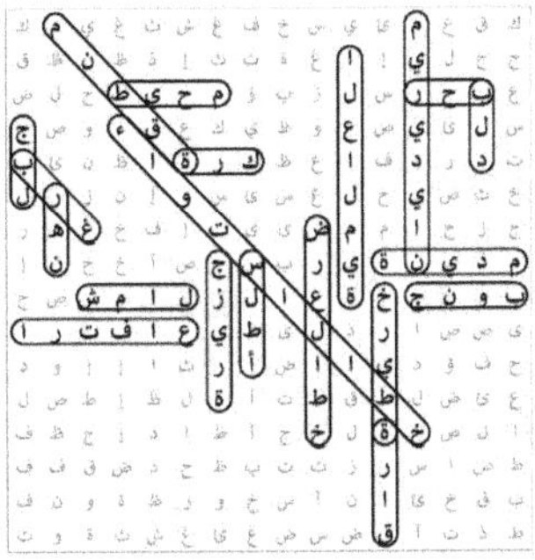

98 - Jazz

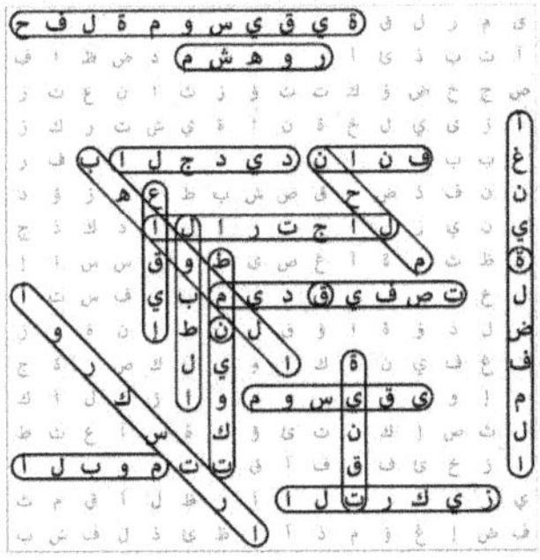

99 - Nature

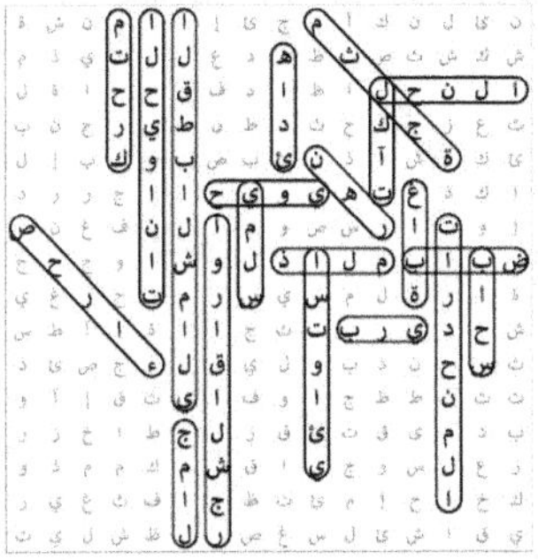

100 - Vacation #2

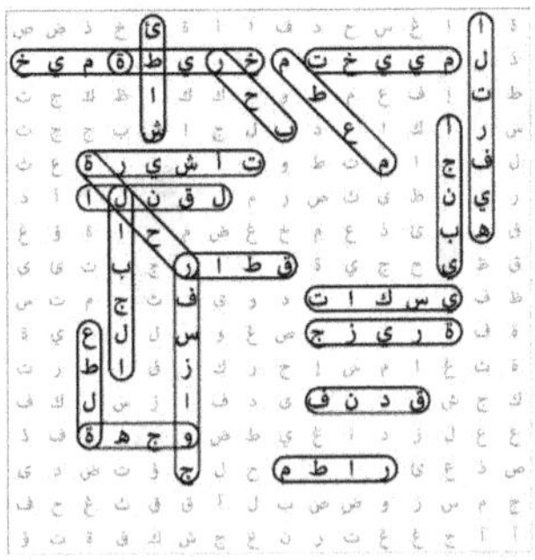

Dictionary

Activities
الأنشطة

Activity	نشاط
Art	فن
Camping	تخييم
Crafts	الحرف
Dancing	الرقص
Fishing	صيد السمك
Games	ألعاب
Gardening	بستنة
Hunting	الصيد
Interests	المصالح
Knitting	الحياكة
Leisure	الترفيه
Magic	سحر
Painting	اللوحة
Photography	تصوير
Pleasure	متعة
Reading	قراءة
Relaxation	استرخاء
Sewing	خياطة
Skill	مهارة

Activities and Leisure
الأنشطة والترفيه

Art	فن
Baseball	بيسبول
Basketball	كرة السلة
Boxing	ملاكمة
Camping	تخييم
Diving	الغوص
Fishing	صيد السمك
Gardening	بستنة
Golf	جولف
Hobbies	الهوايات
Painting	اللوحة
Racing	سباق
Relaxing	الاسترخاء
Shopping	التسوق
Soccer	كرة القدم
Surfing	تصفح
Swimming	سباحة
Tennis	تنس
Travel	السفر
Volleyball	الكرة الطائرة

Adjectives #1
الصفات #1

Absolute	مطلق
Ambitious	طموح
Aromatic	عطري
Artistic	فني
Attractive	جذاب
Beautiful	جميل
Dark	داكن
Exotic	غريب
Generous	كريم
Happy	سعيد
Heavy	ثقيل
Helpful	مفيد
Honest	صادق
Identical	متطابقة
Important	مهم
Modern	حديث
Serious	جدي
Slow	بطيء
Thin	رقيق
Valuable	ذو قيمة

Adjectives #2
الصفات #2

Authentic	أصلي
Creative	خلاق
Descriptive	وصفي
Dramatic	دراماتيكي
Dry	جاف
Elegant	أنيق
Famous	مشهور
Gifted	موهوب
Healthy	صحي
Hungry	جائع
Interesting	مشوق
Natural	طبيعي
New	الجديد
Productive	إنتاجي
Proud	فخور
Responsible	مسؤول
Salty	مالح
Sleepy	نعسان
Strong	قوي
Wild	بري

Adventure
مغامرة

Activity	نشاط
Beauty	جمال
Bravery	شجاعة
Challenges	التحديات
Chance	فرصة
Dangerous	خطير
Destination	وجهة
Difficulty	صعوبة
Enthusiasm	حماس
Excursion	انحراف
Friends	اصحاب
Itinerary	مسار الرحلة
Joy	مرح
Nature	طبيعة
Navigation	الملاحة
New	الجديد
Preparation	تحضير
Safety	أمن
Surprising	مفاجأة
Unusual	غير عادي

Agronomy
الهندسة الزراعية

Agriculture	زراعة
Diseases	الأمراض
Ecology	علم البيئة
Energy	طاقة
Environment	بيئة
Erosion	تآكل
Farming	الزراعة
Fertilizer	سماد
Food	طعام
Organic	عضوي
Plants	نباتات
Pollution	التلوث
Production	إنتاج
Rural	قروي
Science	علم
Seeds	بذور
Study	دراسة
Systems	الأنظمة
Vegetables	خضروات
Water	ماء

Airplanes
الطائرات

Adventure	مغامرة
Air	هواء
Atmosphere	الغلاف الجوي
Balloon	بالون
Construction	بناء
Crew	طاقم
Descent	أصل
Design	التصميم
Direction	اتجاه
Engine	محرك
Fuel	وقود
Height	ارتفاع
History	التاريخ
Hydrogen	هيدروجين
Landing	هبوط
Passenger	راكب
Pilot	طيار
Propellers	مراوح
Sky	سماء
Turbulence	اضطراب

Algebra
الجبر

Diagram	رسم بياني
Equation	معادلة
Exponent	أس
Factor	عامل
False	خطأ
Fraction	جزء
Graph	الرسم البياني
Infinite	لانهائي
Linear	خطي
Matrix	مصفوفة
Number	رقم
Parenthesis	قوس
Problem	مشكلة
Quantity	كمية
Simplify	تبسيط
Solution	حل
Subtraction	الطرح
Sum	مجموع
Variable	متغير
Zero	صفر

Antarctica
القارة القطبية الجنوبية

Bay	خليج
Birds	الطيور
Clouds	سحاب
Conservation	الحفظ
Continent	قارة
Cove	كوف
Environment	بيئة
Expedition	البعثة
Geography	جغرافية
Ice	جليد
Islands	الجزر
Migration	هجرة
Minerals	المعادن
Peninsula	شبه جزيرة
Researcher	باحث
Rocky	صخري
Scientific	علمي
Temperature	درجة الحرارة
Topography	طبوغرافيا
Water	ماء

Antiques
التحف

Art	فن
Auction	مزاد علني
Authentic	أصلي
Century	قرن
Coins	عملات معدنية
Decades	عقود
Decorative	ديكور
Elegant	أنيق
Furniture	أثاث
Gallery	معرض
Investment	استثمار
Jewelry	مجوهرات
Old	قديم
Price	ثمن
Quality	جودة
Restoration	استعادة
Sculpture	النحت
Style	نمط
To Sell	للبيع
Unusual	غير عادي

Archeology
علم الآثار

Analysis	تحليل
Ancient	قديم
Bones	عظام
Civilization	الحضارة
Descendant	سليل
Era	عصر
Evaluation	تقييم
Expert	خبير
Findings	النتائج
Forgotten	منسي
Fossil	حفرية
Fragments	فتات
Mystery	لغز
Objects	الكائنات
Relic	بقايا
Researcher	باحث
Team	فريق
Temple	معبد
Tomb	قبر
Unknown	غير معروف

Art Supplies
لوازم الفن

Acrylic	أكريليك
Brushes	فرش
Camera	كاميرا
Chair	كرسي
Charcoal	فحم
Clay	طين
Colors	الألوان
Creativity	إبداع
Easel	الحامل
Eraser	ممحاة
Glue	صمغ
Ideas	الأفكار
Ink	حبر
Oil	نفط
Paints	الدهانات
Paper	ورق
Pencils	أقلام الرصاص
Table	طاولة
Water	ماء
Watercolors	ألوان مائية

Astronomy
علم الفلك

Asteroid	الكويكب
Astronaut	رائد فضاء
Astronomer	فلكي
Constellation	كوكبة
Cosmos	عالم
Earth	أرض
Eclipse	كسوف
Equinox	الاعتدال
Meteor	نيزك
Moon	قمر
Nebula	سديم
Observatory	مرصد
Planet	كوكب
Radiation	إشعاع
Rocket	صاروخ
Sky	سماء
Solar	شمسي
Supernova	سوبرنوفا
Telescope	مقراب
Zodiac	البروج

Barbecues
حفلات الشواء

Chicken	دجاج
Children	الأطفال
Dinner	عشاء
Family	أسرة
Food	طعام
Forks	الشوك
Friends	اصحاب
Fruit	فاكهة
Games	ألعاب
Grill	شواية
Hot	حار
Hunger	جوع
Knives	سكاكين
Music	موسيقى
Salads	السلطات
Salt	ملح
Sauce	صلصة
Summer	صيف
Tomatoes	طماطم
Vegetables	خضروات

Beauty
بيوتي

Charm	سحر
Color	اللون
Curls	تجعيد الشعر
Elegance	أناقة
Elegant	أنيق
Fragrance	عطور
Grace	نعمة
Lipstick	أحمر الشفاه
Makeup	ماكياج
Mascara	ماسكارا
Mirror	مرآة
Oils	زيوت
Photogenic	رقيق
Products	منتجات
Scent	رائحة
Scissors	مقص
Services	خدمات
Shampoo	شامبو
Skin	جلد
Stylist	حلاق

Bees
النحل

Beneficial	مفيد
Blossom	زهر
Diversity	تنوع
Ecosystem	النظام البيئي
Flowers	الزهور
Food	طعام
Fruit	فاكهة
Garden	حديقة
Habitat	الموئل
Hive	خلية
Honey	عسل
Insect	حشرة
Plants	نباتات
Pollen	لقاح
Pollinator	الملقحات
Queen	ملكة
Smoke	دخان
Sun	شمس
Swarm	سرب
Wax	شمع

Biology
علم الأحياء

Anatomy	تشريح
Bacteria	بكتيريا
Cell	خلية
Chromosome	كروموسوم
Collagen	الكولاجين
Embryo	جنين
Enzyme	انزيم
Evolution	تطور
Hormone	هرمون
Mammal	الثدييات
Mutation	طفرة
Natural	طبيعي
Nerve	عصب
Neuron	عصبون
Osmosis	تناضح
Plants	نباتات
Protein	بروتين
Reptile	الزواحف
Symbiosis	تكافل
Synapse	المشبك

Birds
الطيور

Canary	الكناري
Chicken	دجاج
Crow	غراب
Cuckoo	الوقواق
Duck	بطة
Eagle	نسر
Egg	بيضة
Flamingo	نحام
Goose	إوز
Gull	نورس
Heron	هيرون
Ostrich	نعامة
Parrot	ببغاء
Peacock	الطاووس
Pelican	البجع
Penguin	البطريق
Sparrow	عصفور
Stork	اللقلق
Swan	بجعة
Toucan	طوقان

Boats
القوارب

Anchor	مرساة
Buoy	عوامة
Canoe	الزورق
Crew	طاقم
Dock	رصيف
Engine	محرك
Ferry	العبارة
Kayak	كاياك
Lake	بحيرة
Lifeboat	قارب نجاة
Mast	سارية
Nautical	بحري
Ocean	محيط
Raft	طوف
River	نهر
Rope	حبل
Sailboat	مركب شراعي
Sailor	بحار
Sea	بحر
Yacht	يخت

Books
كتب

Adventure	مغامرة
Author	مؤلف
Collection	مجموعة
Context	سياق الكلام
Duality	الازدواجية
Epic	ملحمة
Historical	تاريخي
Humorous	روح الدعابة
Inventive	مبدع
Literary	أدبي
Narrator	الراوي
Novel	رواية
Page	صفحة
Poem	قصيدة
Poetry	شعر
Reader	قارئ
Relevant	ذات الصلة
Story	قصة
Tragic	مأساوي
Written	مكتوب

Buildings
المباني

Apartment	شقة
Barn	حظيرة
Cabin	المقصورة
Castle	قلعة
Cinema	سينما
Embassy	السفارة
Factory	مصنع
Hospital	مستشفى
Hostel	نزل
Hotel	فندق
Laboratory	مختبر
Museum	متحف
Observatory	مرصد
School	مدرسة
Stadium	ملعب
Supermarket	سوبر ماركت
Tent	خيمة
Theater	مسرح
Tower	برج
University	جامعة

Business
الأعمال

Budget	ميزانية
Career	مهنة
Company	شركة
Cost	التكلفة
Currency	عملة
Discount	خصم
Economics	الاقتصاد
Employee	موظف
Employer	صاحب العمل
Factory	مصنع
Finance	المالية
Income	الإيرادات
Investment	استثمار
Manager	مدير
Merchandise	بضائع
Money	مال
Office	مكتب
Sale	بيع
Shop	متجر
Taxes	الضرائب

Camping
عسكرة

Adventure	مغامرة
Animals	الحيوانات
Cabin	المقصورة
Canoe	الزورق
Compass	بوصلة
Fire	نار
Forest	غابة
Fun	مرح
Hammock	أرجوحة
Hat	قبعة
Hunting	الصيد
Insect	حشرة
Lake	بحيرة
Map	خريطة
Moon	قمر
Mountain	جبل
Nature	طبيعة
Rope	حبل
Tent	خيمة
Trees	الأشجار

Chemistry
كيمياء

Acid	حمض
Alkaline	قلوي
Atomic	ذري
Carbon	كربون
Catalyst	محفز
Chlorine	كلور
Electron	إلكترون
Enzyme	انزيم
Gas	غاز
Heat	حرارة
Hydrogen	هيدروجين
Ion	أيون
Liquid	سائل
Molecule	مركب
Nuclear	نووي
Organic	عضوي
Oxygen	أكسجين
Salt	ملح
Temperature	درجة الحرارة
Weight	وزن

Chess
شطرنج

Black	أسود
Challenges	التحديات
Champion	بطل
Clever	ذكي
Contest	منافسة
Diagonal	قطري
Game	لعبة
King	ملك
Opponent	الخصم
Passive	مبني للمجهول
Player	لاعب
Points	النقاط
Queen	ملكة
Rules	قواعد
Sacrifice	تضحية
Strategy	إستراتيجية
Time	الوقت
To Learn	ليتعلم
Tournament	مسابقة
White	أبيض

Clothes
ملابس

Apron	مئزر
Belt	حزام
Blouse	بلوزة
Bracelet	سوار
Coat	معطف
Dress	فستان
Fashion	موضة
Gloves	قفازات
Hat	قبعة
Jacket	السترة
Jeans	جينز
Jewelry	مجوهرات
Pajamas	لباس نوم
Pants	سروال
Sandals	صندل
Scarf	وشاح
Shirt	قميص
Shoe	حذاء
Skirt	تنورة
Sweater	سترة

Conservation
الحفظ

Changes	التغييرات
Chemicals	مواد كيميائية
Climate	مناخ
Concern	قلق
Cycle	دورة
Ecosystem	النظام البيئي
Education	تعليم
Environmental	البيئة
Green	أخضر
Habitat	الموئل
Health	الصحة
Natural	طبيعي
Organic	عضوي
Pesticide	مبيد الآفات
Pollution	التلوث
Recycle	إعادة التدوير
Reduce	خفض
Sustainable	مستدام
Volunteer	متطوع
Water	ماء

Countries #1
البلدان #1

Brazil	البرازيل
Canada	كندا
Egypt	مصر
Finland	فنلندا
Germany	ألمانيا
Iraq	العراق
Israel	إسرائيل
Italy	إيطاليا
Latvia	لاتفيا
Libya	ليبيا
Morocco	المغرب
Nicaragua	نيكاراغوا
Norway	النرويج
Panama	بنما
Poland	بولندا
Romania	رومانيا
Senegal	السنغال
Spain	إسبانيا
Venezuela	فنزويلا
Vietnam	فيتنام

Countries #2
البلدان #2

Albania	ألبانيا
Denmark	الدنمارك
Ethiopia	أثيوبيا
Greece	اليونان
Haiti	هايتي
Jamaica	جامايكا
Japan	اليابان
Laos	لاوس
Lebanon	لبنان
Liberia	ليبيريا
Mexico	المكسيك
Nepal	نيبال
Nigeria	نيجيريا
Pakistan	باكستان
Russia	روسيا
Somalia	الصومال
Sudan	السودان
Syria	سوريا
Uganda	أوغندا
Ukraine	أوكرانيا

Creativity
الإبداع

Artistic	فني
Authenticity	أصالة
Clarity	وضوح
Dramatic	دراماتيكي
Emotions	العواطف
Expression	التعبير
Fluidity	سيولة
Ideas	الأفكار
Image	صورة
Imagination	خيال
Impression	انطباع
Inspiration	الإلهام
Intensity	شدة
Intuition	الحدس
Inventive	مبدع
Sensation	إحساس
Skill	مهارة
Spontaneous	عفوية
Visions	الرؤى
Vitality	حيوية

Dance
الرقص

Academy	الأكاديمية
Art	فن
Body	جثة
Choreography	الكوريغرافيا
Classical	كلاسيكي
Cultural	ثقافي
Culture	ثقافة
Emotion	عاطفة
Expressive	معبرة
Grace	نعمة
Joyful	مرح
Jump	قفز
Movement	حركة
Music	موسيقى
Partner	شريك
Posture	الموقف
Rehearsal	بروفة
Rhythm	إيقاع
Traditional	تقليدي
Visual	بصري

Days and Months
الأيام والأشهر

April	أبريل
August	أغسطس
Calendar	تقويم
February	فبراير
Friday	الجمعة
January	يناير
July	يوليو
March	مارس
Monday	الاثنين
Month	شهر
November	نوفمبر
October	أكتوبر
Saturday	السبت
September	سبتمبر
Sunday	الأحد
Thursday	الخميس
Tuesday	الثلاثاء
Wednesday	الأربعاء
Week	أسبوع
Year	سنة

Diplomacy
الدبلوماسية

Adviser	مستشار
Ambassador	سفير
Citizens	المواطنون
Civic	سيفيك
Community	ملة
Conflict	نزاع
Cooperation	تعاون
Diplomatic	دبلوماسي
Discussion	نقاش
Embassy	السفارة
Ethics	أخلاق
Government	حكومة
Humanitarian	إنساني
Integrity	النزاهة
Justice	عدالة
Politics	سياسة
Resolution	القرار
Security	أمن
Solution	حل
Treaty	معاهدة

Disease
مرض

Abdominal	البطن
Allergies	الحساسية
Bacterial	بكتيري
Body	جثة
Bones	عظام
Chronic	مزمن
Contagious	معدي
Genetic	الوراثية
Health	الصحة
Heart	قلب
Hereditary	وراثي
Immunity	الحصانة
Inflammation	التهاب
Lumbar	قطني
Pulmonary	رئوي
Respiratory	تنفسي
Syndrome	متلازمة
Therapy	علاج
Weak	ضعيف
Wellness	العافية

Driving
القيادة

Accident	حادث
Brakes	فرامل
Car	سيارة
Danger	خطر
Driver	سائق
Fuel	وقود
Garage	كراج
Gas	غاز
License	رخصة
Map	خريطة
Motor	محرك
Motorcycle	دراجة نارية
Pedestrian	المشاة
Police	شرطة
Road	طريق
Safety	أمن
Speed	سرعة
Traffic	حركة المرور
Truck	شاحنة
Tunnel	نفق

Ecology
علم البيئة

Climate	مناخ
Communities	مجتمعات
Diversity	تنوع
Drought	جفاف
Fauna	الحيوانات
Flora	النباتية
Global	عالمي
Habitat	الموئل
Marine	البحرية
Marsh	اهوار
Mountains	الجبال
Natural	طبيعي
Nature	طبيعة
Plants	نباتات
Resources	الموارد
Species	الأنواع
Survival	نجاة
Sustainable	مستدام
Vegetation	نبت
Volunteers	المتطوعون

Energy
الطاقة

Battery	البطارية
Carbon	كربون
Diesel	ديزل
Electric	كهربائي
Electron	إلكترون
Entropy	غير قادر علي
Environment	بيئة
Fuel	وقود
Gasoline	بنزين
Heat	حرارة
Hydrogen	هيدروجين
Industry	صناعة
Motor	محرك
Nuclear	نووي
Photon	فوتون
Pollution	التلوث
Renewable	قابل للتجديد
Steam	بخار
Turbine	التوربينات
Wind	ريح

Engineering
الهندسة

Angle	زاوية
Axis	محور
Calculation	حساب
Construction	بناء
Depth	عمق
Diagram	رسم بياني
Diameter	قطر
Diesel	ديزل
Distribution	توزيع
Energy	طاقة
Gears	التروس
Levers	العتلات
Liquid	سائل
Machine	آلة
Measurement	قياس
Motor	محرك
Propulsion	الدفع
Stability	استقرار
Strength	قوة
Structure	هيكل

Ethics
الأخلاق

Altruism	إيثار
Benevolent	خير
Compassion	عطف
Cooperation	تعاون
Dignity	كرامة
Diplomatic	دبلوماسي
Honesty	الصدق
Humanity	إنسانية
Individualism	الفردية
Integrity	النزاهة
Kindness	اللطف
Optimism	تفاؤل
Patience	صبر
Philosophy	فلسفة
Rationality	العقلانية
Realism	الواقعية
Reasonable	معقول
Respectful	محترم
Tolerance	التسامح
Wisdom	حكمة

Family
عائلة

Ancestor	سلف
Aunt	عمة
Brother	شقيق
Child	طفل
Childhood	مرحلة الطفولة
Children	الأطفال
Cousin	ابن عم
Daughter	ابنة
Father	أب
Grandfather	جد
Grandmother	جدة
Grandson	حفيد
Husband	الزوج
Maternal	الأم
Mother	أم
Nephew	ابن أخ
Paternal	الأب
Sister	أخت
Uncle	العم
Wife	زوجة

Farm #1
مزرعة #1

Agriculture	زراعة
Bee	نحلة
Bison	الثور
Calf	عجل
Cat	قط
Chicken	دجاج
Cow	بقرة
Crow	غراب
Dog	كلب
Donkey	حمار
Fence	سياج
Fertilizer	سماد
Field	حقل
Goat	ماعز
Hay	تبن
Honey	عسل
Horse	حصان
Rice	أرز
Seeds	بذور
Water	ماء

Farm #2
مزرعة #2

Animals	الحيوانات
Barley	شعير
Barn	حظيرة
Corn	حبوب ذرة
Duck	بطة
Farmer	مزارع
Food	طعام
Fruit	فاكهة
Irrigation	الري
Llama	لهب
Meadow	مرج
Milk	حليب
Orchard	بستان
Ripe	ناضج
Sheep	خروف
Shepherd	الراعي
Tractor	جرار
Vegetable	الخضروات
Wheat	قمح
Windmill	طاحونة هوائية

Fashion
أزياء

Boutique	بوتيك
Buttons	أزرار
Clothing	ملابس
Comfortable	مريح
Elegant	أنيق
Embroidery	تطريز
Expensive	مكلفة
Fabric	قماش
Lace	الدانتيل
Measurements	قياسات
Minimalist	الحد الأدنى
Modern	حديث
Modest	متواضع
Original	أصلي
Practical	عملي
Simple	بسيط
Sophisticated	متطور
Style	نمط
Texture	نسيج
Trend	اتجاه

Flowers
زهور

Bouquet	باقة أزهار
Clover	نفل
Daffodil	النرجس البري
Daisy	ديزي
Dandelion	الهندباء
Gardenia	جاردينيا
Hibiscus	الكركديه
Jasmine	ياسمين
Lavender	خزامى
Lilac	أرجواني
Lily	زنبق
Magnolia	ماغنوليا
Orchid	السحلب
Passionflower	زهرة العاطفة
Peony	الفاوانيا
Petal	البتلة
Plumeria	بلوميريا
Poppy	الخشخاش
Sunflower	عباد الشمس
Tulip	توليب

Food #1
الغذاء #1

Apricot	مشمش
Barley	شعير
Basil	ريحان
Carrot	جزر
Cinnamon	قرفة
Garlic	ثوم
Juice	عصير
Lemon	ليمون
Milk	حليب
Onion	بصل
Pear	كمثرى
Salad	سلطة
Salt	ملح
Soup	حساء
Spinach	سبانخ
Strawberry	فراولة
Sugar	السكر
Tofu	توفو
Tuna	تونة
Turnip	لفت

Food #2
الغذاء #2

Apple	تفاح
Artichoke	خرشوف
Banana	موز
Broccoli	بروكلي
Celery	كرفس
Cheese	جبن
Cherry	كرز
Chicken	دجاج
Chocolate	شوكولاتة
Egg	بيضة
Eggplant	باذنجان
Fish	سمك
Grape	عنب
Ham	لحم الخنزير
Kiwi	كيوي
Mushroom	فطر
Rice	أرز
Tomato	طماطم
Wheat	قمح
Yogurt	زبادي

Force and Gravity
القوة والجاذبية

Axis	محور
Center	المركز
Discovery	اكتشاف
Distance	بون
Dynamic	متحرك
Expansion	توسع
Friction	احتكاك
Impact	تأثير
Magnetism	المغناطيسية
Magnitude	حجم
Mechanics	ميكانيكا
Orbit	فلك
Physics	الفيزياء
Pressure	ضغط
Properties	خصائص
Speed	سرعة
Time	الوقت
To Accelerate	لتسريع
Universal	عالمي
Weight	وزن

Fruit
فاكهة

Apple	تفاح
Apricot	مشمش
Avocado	أفوكادو
Banana	موز
Berry	بيري
Blackberry	بلاك بيري
Cherry	كرز
Coconut	جوز الهند
Fig	تين
Grape	عنب
Kiwi	كيوي
Lemon	ليمون
Mango	مانجو
Melon	شمام
Orange	برتقالي
Papaya	بابايا
Peach	خوخ
Pear	كمثرى
Pineapple	أناناس
Raspberry	توت العليق

Garden
حديقة

Bench	مقعد
Bush	بوش
Fence	سياج
Flower	زهرة
Garage	كراج
Garden	حديقة
Grass	عشب
Hammock	أرجوحة
Hose	خرطوم
Orchard	بستان
Pond	بركة
Porch	رواق
Rake	أشعل النار
Rocks	الصخور
Shovel	مجرفة
Terrace	مصطبة
Trampoline	الترامبولين
Tree	شجرة
Vine	كرمة
Weeds	الأعشاب

Gardening
البستنة

Blossom	زهر
Botanical	نباتي
Bouquet	باقة أزهار
Climate	مناخ
Compost	سماد
Container	وعاء
Dirt	التراب
Edible	صالح للأكل
Exotic	غريب
Floral	الأزهار
Foliage	أوراق الشجر
Hose	خرطوم
Leaf	ورقة
Moisture	رطوبة
Orchard	بستان
Seasonal	موسمي
Seeds	بذور
Soil	تربة
Species	الأنواع
Water	ماء

Geography
الجغرافيا

Altitude	ارتفاع
Atlas	أطلس
City	مدينة
Continent	قارة
Country	بلد
Equator	خط الاستواء
Globe	كرة
Island	جزيرة
Latitude	خط العرض
Map	خريطة
Meridian	ميريديان
Mountain	جبل
North	شمال
Ocean	محيط
Region	منطقة
River	نهر
Sea	بحر
South	جنوب
West	غرب
World	العالمية

Geology
جيولوجيا

Acid	حمض
Calcium	الكلسيوم
Cavern	كهف
Continent	قارة
Coral	المرجان
Crystals	بلورات
Cycles	دورات
Earthquake	زلزال
Erosion	تآكل
Fossil	حفرية
Geyser	سخان
Lava	الحمم
Layer	طبقة
Minerals	المعادن
Molten	مولتن
Plateau	هضبة
Quartz	مرو
Salt	ملح
Stone	حجر
Volcano	بركان

Geometry
الهندسة

Angle	زاوية
Calculation	حساب
Circle	دائرة
Curve	منحنى
Diameter	قطر
Dimension	البعد
Equation	معادلة
Height	ارتفاع
Horizontal	أفقي
Logic	منطق
Mass	كتلة
Median	الوسيط
Number	رقم
Parallel	مواز
Proportion	نسبة
Segment	قطعة
Surface	سطح
Symmetry	تناظر
Theory	نظرية
Triangle	مثلث

Global Warming
الاحتباس الحراري

Arctic	القطب الشمالي
Attention	انتباه
Climate	مناخ
Crisis	أزمة
Data	البيانات
Development	تطور
Energy	طاقة
Environmental	البيئة
Future	مستقبل
Gas	غاز
Generations	الأجيال
Government	حكومة
Habitats	بيئات
Industry	صناعة
International	دولي
Legislation	تشريع
Now	الآن
Populations	السكان
Scientist	عالم
Temperatures	درجات الحرارة

Government
الحكومة

Citizenship	المواطنة
Civil	مدني
Constitution	دستور
Democracy	ديمقراطية
Discussion	نقاش
Dissent	المعارضة
Equality	المساواة
Independence	استقلال
Judicial	قضائي
Justice	عدالة
Law	قانون
Leader	زعيم
Liberty	حرية
Monument	نصب
Nation	أمة
Peaceful	سلمي
Politics	سياسة
Speech	خطاب
State	حالة
Symbol	رمز

Hair Types
أنواع الشعر

Bald	أصلع
Black	أسود
Blond	أشقر
Braided	مضفر
Braids	الضفائر
Brown	بني
Colored	ملون
Curls	تجعيد الشعر
Curly	مجعد
Dry	جاف
Gray	رمادي
Healthy	صحي
Long	طويل
Shiny	لامع
Short	قصيرة
Soft	ناعم
Thick	سميك
Thin	رقيق
Wavy	متموج
White	أبيض

Health and Wellness #1
الصحة والعافية #1

Active	نشط
Bacteria	بكتيريا
Bones	عظام
Clinic	عيادة
Doctor	طبيب
Fracture	كسر
Habit	عادة
Height	ارتفاع
Hormones	الهرمونات
Hunger	جوع
Medicine	دواء
Muscles	عضلات
Nerves	أعصاب
Pharmacy	صيدلية
Reflex	منعكس
Relaxation	استرخاء
Skin	جلد
Therapy	علاج
Treatment	العلاج
Virus	فيروس

Health and Wellness #2
الصحة والعافية #2

Allergy	حساسية
Anatomy	تشريح
Appetite	شهية
Blood	دم
Dehydration	تجفاف
Diet	حمية
Disease	مرض
Energy	طاقة
Genetics	علم الوراثة
Healthy	صحي
Hospital	مستشفى
Hygiene	النظافة
Infection	عدوى
Massage	تدليك
Mood	مزاج
Nutrition	تغذية
Recovery	التعافي
Stress	ضغط
Vitamin	فيتامين
Weight	وزن

Herbalism
الأعشاب

Aromatic	عطري
Basil	ريحان
Beneficial	مفيد
Culinary	الطهي
Fennel	الشمرة
Flavor	نكهة
Flower	زهرة
Garden	حديقة
Garlic	ثوم
Green	أخضر
Ingredient	العنصر
Lavender	خزامى
Marjoram	مردقوش
Mint	نعناع
Oregano	توابل
Parsley	بقدونس
Plant	مصنع
Rosemary	إكليل الجبل
Saffron	زعفران
Tarragon	الطرخون

Hiking
التنزه

Animals	الحيوانات
Boots	أحذية
Camping	تخييم
Cliff	جرف
Climate	مناخ
Hazards	المخاطر
Heavy	ثقيل
Map	خريطة
Mosquitoes	البعوض
Mountain	جبل
Nature	طبيعة
Orientation	اتجاه
Parks	الحدائق
Preparation	تحضير
Stones	الحجارة
Summit	قمة
Sun	شمس
Tired	متعب
Water	ماء
Wild	بري

House
منزل

Attic	علية
Broom	مكنسة
Curtains	ستائر
Door	باب
Fence	سياج
Fireplace	مدفأة
Floor	أرضية
Furniture	أثاث
Garage	كراج
Garden	حديقة
Keys	مفاتيح
Kitchen	مطبخ
Lamp	مصباح
Library	مكتبة
Mirror	مرآة
Roof	سقف
Room	غرفة
Shower	دش
Wall	حائط
Window	نافذة

Human Body
جسم الإنسان

Ankle	كاحل
Blood	دم
Bones	عظام
Brain	دماغ
Chin	ذقن
Ear	أذن
Elbow	كوع
Face	وجه
Finger	إصبع
Hand	يد
Head	رئيس
Heart	قلب
Jaw	فك
Knee	ركبة
Leg	رجل
Mouth	فم
Neck	رقبة
Nose	أنف
Shoulder	كتف
Skin	جلد

Insects
الحشرات

Ant	نملة
Aphid	المن
Bee	نحلة
Beetle	خنفساء
Butterfly	فراشة
Cicada	الزيز
Cockroach	صرصور
Dragonfly	اليعسوب
Flea	برغوث
Grasshopper	جندب
Hornet	الدبور
Ladybug	الخنفساء
Larva	يرقة
Locust	جرادة
Mantis	فرس النبي
Mosquito	البعوض
Moth	عثة
Termite	أرضة
Wasp	دبور
Worm	دودة

Jazz
موسيقى الجاز

Album	ألبوم
Applause	تصفيق
Artist	فنان
Composer	ملحن
Composition	تكوين
Concert	حفلة موسيقية
Drums	الطبول
Emphasis	التركيز
Famous	مشهور
Favorites	المفضلة
Improvisation	الارتجال
Music	موسيقى
New	الجديد
Old	قديم
Orchestra	أوركسترا
Rhythm	إيقاع
Song	أغنية
Style	نمط
Talent	المواهب
Technique	تقنية

Kitchen
مطبخ

Apron	مئزر
Bowl	وعاء
Chopsticks	عيدان
Cups	أكواب
Food	طعام
Forks	الشوك
Freezer	مجمد
Grill	شواية
Jar	جرة
Jug	إبريق
Kettle	غلاية
Knives	سكاكين
Napkin	منديل
Oven	فرن
Recipe	وصفة
Refrigerator	ثلاجة
Spices	توابل
Sponge	إسفنج
Spoons	الملاعق
To Eat	لتناول الطعام

Landscapes
المناظر الطبيعية

Beach	شاطئ
Cave	كهف
Desert	صحراء
Geyser	سخان
Glacier	مثلجة
Hill	تل
Iceberg	جبل جليد
Island	جزيرة
Lake	بحيرة
Mountain	جبل
Oasis	واحة
Ocean	محيط
Peninsula	شبه جزيرة
River	نهر
Sea	بحر
Swamp	مستنقع
Tundra	تندرا
Valley	وادي
Volcano	بركان
Waterfall	شلال

Literature
الأدب

Analogy	القياس
Analysis	تحليل
Anecdote	حكاية
Author	مؤلف
Comparison	مقارنة
Conclusion	استنتاج
Description	وصف
Dialogue	حوار
Fiction	خيال
Metaphor	استعارة
Narrator	الراوي
Novel	رواية
Opinion	رأي
Poem	قصيدة
Poetic	شاعري
Rhyme	قافية
Rhythm	إيقاع
Style	نمط
Theme	موضوع
Tragedy	مأساة

Mammals
الثدييات

Bear	يتحمل
Beaver	سمور
Bull	ثور
Cat	قط
Coyote	ذئب البراري
Dog	كلب
Dolphin	دولفين
Elephant	الفيل
Fox	فوكس
Giraffe	زرافة
Gorilla	غوريلا
Horse	حصان
Kangaroo	كنغر
Lion	أسد
Monkey	قرد
Rabbit	أرنب
Sheep	خروف
Whale	حوت
Wolf	ذئب
Zebra	حمار وحشي

Math
الرياضيات

Angles	زوايا
Arithmetic	حساب
Circumference	محيط
Decimal	عشري
Degrees	درجات
Diameter	قطر
Equation	معادلة
Exponent	أس
Fraction	جزء
Geometry	هندسة
Numbers	الأرقام
Parallel	مواز
Perpendicular	عمودي
Polygon	مضلع
Rectangle	مستطيل
Square	مربع
Sum	مجموع
Symmetry	تناظر
Triangle	مثلث
Volume	الصوت

Measurements
القياسات

Byte	بايت
Centimeter	سنتيمتر
Decimal	عشري
Degree	درجة
Depth	عمق
Gram	غرام
Height	ارتفاع
Inch	بوصة
Kilogram	كيلوغرام
Kilometer	كيلومتر
Length	الطول
Liter	لتر
Mass	كتلة
Meter	متر
Minute	دقيقة
Ounce	أوقية
Ton	طن
Volume	الصوت
Weight	وزن
Width	عرض

Meditation
التأمل

Acceptance	قبول
Awake	مستيقظ
Breathing	التنفس
Calm	هدوء
Clarity	وضوح
Compassion	عطف
Emotions	العواطف
Gratitude	شكر
Habits	العادات
Kindness	اللطف
Mental	عقلي
Mind	عقل
Movement	حركة
Music	موسيقى
Nature	طبيعة
Peace	سلام
Perspective	المنظور
Silence	الصمت
Thoughts	أفكار
To Learn	ليتعلم

Music
موسيقى

Album	ألبوم
Ballad	أغنية
Chorus	جوقة
Classical	كلاسيكي
Eclectic	انتقائي
Harmonic	متناسق
Harmony	انسجام
Instrument	أداة
Lyrical	غنائية
Melody	لحن
Microphone	ميكروفون
Musical	موسيقي
Opera	أوبرا
Poetic	شاعري
Recording	تسجيل
Rhythm	إيقاع
Rhythmic	إيقاعي
Sing	غنى
Singer	المغني
Vocal	صوتي

Musical Instruments
آلات موسيقية

Banjo	البانجو
Bassoon	باسون
Cello	التشيلو
Chimes	الدقات
Clarinet	مزمار
Drum	طبل
Flute	ناي
Gong	ناقوس
Guitar	قيثارة
Harp	جنك
Mandolin	مندولين
Marimba	ماريمبا
Oboe	المزمار
Percussion	قرع
Piano	بيانو
Saxophone	ساكسفون
Tambourine	دف صغير
Trombone	الترومبون
Trumpet	بوق
Violin	كمان

Mythology
الميثولوجيا

Behavior	سلوك
Beliefs	المعتقدات
Creation	خلق
Creature	مخلوق
Culture	ثقافة
Deities	الآلهة
Disaster	كارثة
Heaven	السماء
Hero	بطل
Immortality	خلود
Jealousy	الغيرة
Labyrinth	متاهة
Legend	أسطورة
Lightning	برق
Monster	مسخ
Mortal	مميت
Revenge	انتقام
Strength	قوة
Thunder	رعد
Warrior	محارب

Nature
الطبيعة

Animals	الحيوانات
Arctic	القطب الشمالي
Beauty	جمال
Bees	النحل
Cliffs	المنحدرات
Clouds	سحاب
Desert	صحراء
Dynamic	متحرك
Erosion	تآكل
Fog	ضباب
Foliage	أوراق الشجر
Forest	غابة
Glacier	مثلجة
Peaceful	سلمي
River	نهر
Sanctuary	ملاذ
Serene	هادئ
Tropical	استوائي
Vital	حيوي
Wild	بري

Numbers
أرقام

Decimal	عشري
Eight	ثمانية
Eighteen	ثمانية عشر
Fifteen	خمسة عشر
Five	خمسة
Four	أربعة
Fourteen	أربعة عشر
Nine	تسعة
Nineteen	تسعة عشر
One	واحد
Seven	سبعة
Seventeen	سبعة عشر
Six	ستة
Sixteen	ستة عشر
Ten	عشرة
Thirteen	ثلاثة عشر
Three	ثلاثة
Twelve	اثنا عشر
Twenty	عشرون
Two	اثنان

Nutrition
التغذية

Appetite	شهية
Balanced	متوازن
Bitter	مر
Carbohydrates	الكربوهيدرات
Diet	حمية
Digestion	هضم
Edible	صالح للأكل
Fermentation	تخمير
Flavor	نكهة
Habits	العادات
Health	الصحة
Healthy	صحي
Liquids	سوائل
Nutrient	المغذي
Proteins	البروتينات
Quality	جودة
Sauce	صلصة
Toxin	سم
Vitamin	فيتامين
Weight	وزن

Ocean
محيط

Algae	الطحالب
Boat	قارب
Coral	المرجان
Crab	سرطان
Dolphin	دولفين
Eel	ثعبان
Fish	سمك
Jellyfish	قنديل البحر
Octopus	أخطبوط
Oyster	محار
Salt	ملح
Shark	قرش
Shrimp	جمبري
Sponge	إسفنج
Storm	عاصفة
Tides	المد والجزر
Tuna	تونة
Turtle	سلحفاة
Waves	أمواج
Whale	حوت

Physics
الفيزياء

Acceleration	تسريع
Atom	ذرة
Chaos	فوضى
Density	كثافة
Electron	إلكترون
Engine	محرك
Expansion	توسع
Formula	معادلة
Frequency	تردد
Gas	غاز
Magnetism	المغناطيسية
Mass	كتلة
Mechanics	ميكانيكا
Molecule	مركب
Nuclear	نووي
Particle	جسيم
Relativity	النسبية
Speed	سرعة
Universal	عالمي
Velocity	السرعة

Plants
النباتات

Bamboo	بامبو
Bean	فاصوليا
Berry	بيري
Blossom	زهر
Botany	علم النبات
Bush	شوب
Cactus	صبار
Fertilizer	سماد
Flora	النباتية
Flower	زهرة
Foliage	أوراق الشجر
Forest	غابة
Garden	حديقة
Ivy	لبلاب
Moss	طحلب
Petal	البتلة
Root	جذر
Stem	الجذعية
Tree	شجرة
Vegetation	نبت

Professions #1
المهن #1

Ambassador	سفير
Astronomer	فلكي
Attorney	محامي
Banker	مصرفي
Cartographer	رسام خرائط
Coach	مدرب
Dancer	راقصة
Doctor	طبيب
Editor	محرر
Geologist	جيولوجي
Hunter	صياد
Jeweler	صائغ
Lawyer	محام
Nurse	ممرض
Pianist	عازف البيانو
Plumber	سباك
Psychologist	علم النفس
Sailor	بحار
Tailor	خياط
Veterinarian	طبيب بيطري

Professions #2
المهن #2

Astronaut	رائد فضاء
Biologist	أحيائي
Dentist	طبيب أسنان
Detective	محقق
Engineer	مهندس
Farmer	مزارع
Gardener	بستاني
Illustrator	المصور
Inventor	مخترع
Journalist	صحفي
Librarian	أمين المكتبة
Linguist	لغوي
Painter	دهان
Philosopher	فيلسوف
Physician	طبيب
Pilot	طيار
Researcher	باحث
Surgeon	جراح
Teacher	مدرس
Zoologist	عالم الحيوان

Psychology
علم النفس

Appointment	موعد
Assessment	تقيم
Behavior	سلوك
Childhood	مرحلة الطفولة
Clinical	مرضي
Cognition	معرفة
Conflict	نزاع
Dreams	أحلام
Ego	الأنا
Emotions	العواطف
Ideas	الأفكار
Influences	تأثيرات
Perception	الإدراك
Personality	شخصية
Problem	مشكلة
Reality	واقع
Sensation	إحساس
Therapy	علاج
Thoughts	أفكار
Unconscious	فاقد الوعي

Rainforest
الغابات المطيرة

Amphibians	البرمائيات
Birds	الطيور
Botanical	نباتي
Climate	مناخ
Clouds	سحاب
Community	ملة
Diversity	تنوع
Indigenous	أصلي
Insects	الحشرات
Jungle	الغابة
Mammals	الثدييات
Moss	طحلب
Nature	طبيعة
Preservation	حفظ
Refuge	ملجأ
Respect	احترام
Restoration	استعادة
Species	الأنواع
Survival	نجاة
Valuable	ذو قيمة

Restaurant #1
مطعم #1

Allergy	حساسية
Bowl	وعاء
Bread	خبز
Cashier	صراف
Chicken	دجاج
Coffee	قهوة
Dessert	حلوى
Food	طعام
Ingredients	مكونات
Kitchen	مطبخ
Knife	سكين
Meat	لحم
Menu	قائمة
Napkin	منديل
Plate	طبق
Reservation	حجز
Sauce	صلصة
Spicy	حار
To Eat	لتناول الطعام
Waitress	نادلة

Restaurant #2
مطعم رقم 2

Beverage	مشروب
Cake	كيك
Chair	كرسي
Delicious	لذيذ
Dinner	عشاء
Eggs	بيض
Fish	سمك
Fork	شوكة
Fruit	فاكهة
Ice	جليد
Lunch	غداء
Noodles	المعكرونة
Salad	سلطة
Salt	ملح
Soup	حساء
Spices	توابل
Spoon	ملعقة
Vegetables	خضروات
Waiter	النادل
Water	ماء

Science Fiction
الخيال العلمي

Atomic	ذري
Books	الكتب
Chemicals	مواد كيميائية
Cinema	سينما
Clones	استنساخ
Distant	بعيد
Explosion	انفجار
Extreme	متطرف
Fantastic	رائع
Fire	نار
Futuristic	مستقبلية
Illusion	وهم
Imaginary	وهمي
Mysterious	غامض
Oracle	وحي
Planet	كوكب
Robots	الروبوتات
Technology	تقنية
Utopia	يوتوبيا
World	العالمية

Scientific Disciplines
التخصصات العلمية

Anatomy	تشريح
Archaeology	علم الآثار
Astronomy	علم الفلك
Biology	بيولوجيا
Botany	علم النبات
Chemistry	كيمياء
Ecology	علم البيئة
Geology	جيولوجيا
Immunology	علم المناعة
Kinesiology	علم الحركة
Linguistics	لسانيات
Mechanics	ميكانيكا
Mineralogy	علم المعادن
Neurology	علم الأعصاب
Nutrition	تغذية
Physiology	فيزيولوجيا
Psychology	علم النفس
Robotics	الروبوتات
Sociology	علم الاجتماع
Zoology	علم الحيوان

Spices
التوابل

Anise	اليانسون
Bitter	مر
Cardamom	حب الهال
Cinnamon	قرفة
Clove	القرنفل
Coriander	كزبرة
Cumin	كمون
Curry	كاري
Fennel	الشمرة
Fenugreek	الحلبة
Flavor	نكهة
Garlic	ثوم
Ginger	زنجبيل
Nutmeg	جوزة الطيب
Onion	بصل
Paprika	فلفل أحمر
Saffron	زعفران
Salt	ملح
Sweet	حلو
Vanilla	فانيلا

Technology
تقنية

Blog	مدونة
Browser	المتصفح
Bytes	بايت
Camera	كاميرا
Computer	الحاسوب
Cursor	المؤشر
Data	البيانات
Digital	رقمي
Display	عرض
File	ملف
Font	خط
Internet	إنترنت
Message	رسالة
Research	بحث
Screen	شاشة
Security	أمن
Software	برمجيات
Statistics	الإحصاء
Virtual	افتراضية
Virus	فيروس

The Company
الشركة

Business	عمل
Creative	خلاق
Decision	قرار
Employment	توظيف
Global	عالمي
Industry	صناعة
Innovative	مبتكر
Investment	استثمار
Possibility	إمكانية
Presentation	عرض
Product	المنتج
Professional	محترف
Progress	تقدم
Quality	جودة
Reputation	سمعة
Resources	الموارد
Revenue	إيرادات
Risks	المخاطر
Trends	اتجاهات
Units	الوحدات

The Media
وسائل الإعلام

Attitudes	المواقف
Commercial	تجاري
Communication	الاتصالات
Digital	رقمي
Edition	الإصدار
Education	تعليم
Facts	حقائق
Funding	التمويل
Individual	فرد
Industry	صناعة
Intellectual	الفكرية
Local	محلي
Magazines	المجلات
Network	شبكة الاتصال
Newspapers	الصحف
Online	على الشبكة
Opinion	رأي
Photos	الصور
Public	عام
Radio	راديو

Time
الوقت

Annual	سنوي
Before	قبل
Calendar	تقويم
Century	قرن
Day	يوم
Decade	العقد
Early	مبكرا
Future	مستقبل
Hour	ساعة
Minute	دقيقة
Month	شهر
Morning	صباح
Night	الليل
Noon	وقت الظهيرة
Now	الآن
Soon	قريبا
Today	اليوم
Week	أسبوع
Year	سنة
Yesterday	أمس

To Fill
للتعبئة

Bag	كيس
Barrel	برميل
Basin	حوض
Basket	سلة
Bottle	زجاجة
Box	علبة
Bucket	دلو
Carton	كرتون
Crate	قفص
Drawer	الدرج
Envelope	مغلف
Folder	مجلد
Jar	جرة
Packet	حزمة
Pocket	جيب
Suitcase	حقيبة سفر
Tray	صينية
Tube	أنبوب
Vase	زهرية
Vessel	وعاء

Town
مدينة

Airport	مطار
Bakery	مخبز
Bank	بنك
Cinema	سينما
Clinic	عيادة
Florist	منسق زهور
Gallery	معرض
Hotel	فندق
Library	مكتبة
Market	سوق
Museum	متحف
Pharmacy	صيدلية
Restaurant	مطعم
School	مدرسة
Stadium	ملعب
Store	مخزن
Supermarket	سوبر ماركت
Theater	مسرح
University	جامعة
Zoo	حديقة حيوان

Universe
الكون

Asteroid	الكويكب
Astronomer	فلكي
Astronomy	علم الفلك
Atmosphere	الغلاف الجوي
Celestial	سماوي
Cosmic	كوني
Darkness	ظلام
Equator	خط الاستواء
Horizon	أفق
Latitude	خط العرض
Longitude	خط الطول
Moon	قمر
Orbit	فلك
Sky	سماء
Solar	شمسي
Solstice	الانقلاب
Telescope	مقراب
Tilt	إمالة
Visible	مرئي
Zodiac	البروج

Vacation #2
عطلة #2

Airport	مطار
Beach	شاطئ
Camping	تخييم
Destination	وجهة
Foreigner	أجنبي
Holiday	عطلة
Hotel	فندق
Island	جزيرة
Journey	رحلة
Leisure	الترفيه
Map	خريطة
Mountains	الجبال
Passport	جواز سفر
Restaurant	مطعم
Sea	بحر
Taxi	تاكسي
Tent	خيمة
Train	قطار
Transportation	النقل
Visa	تأشيرة

Vegetables
خضروات

Artichoke	خرشوف
Broccoli	بروكلي
Carrot	جزر
Cauliflower	قرنبيط
Celery	كرفس
Cucumber	خيار
Eggplant	باذنجان
Garlic	ثوم
Ginger	زنجبيل
Mushroom	فطر
Onion	بصل
Parsley	بقدونس
Pea	بازلاء
Pumpkin	يقطين
Radish	فجل
Salad	سلطة
Shallot	الكراث
Spinach	سبانخ
Tomato	طماطم
Turnip	لفت

Vehicles
المركبات

Airplane	طائرة
Ambulance	سيارة إسعاف
Bicycle	دراجة
Boat	قارب
Bus	حافلة
Car	سيارة
Caravan	قافلة
Ferry	العبارة
Helicopter	هليكوبتر
Motor	محرك
Raft	طوف
Rocket	صاروخ
Scooter	سكوتر
Shuttle	المكوك
Submarine	غواصة
Subway	مترو
Taxi	تاكسي
Tires	الإطارات
Tractor	جرار
Truck	شاحنة

Weather
الطقس

Atmosphere	الغلاف الجوي
Breeze	نسيم
Calm	هدوء
Climate	مناخ
Cloud	سحابة
Drought	جفاف
Dry	جاف
Flood	فيضان
Fog	الضباب
Ice	جليد
Lightning	برق
Polar	قطبي
Rainbow	قوس قزح
Sky	سماء
Storm	عاصفة
Temperature	درجة الحرارة
Thunder	الرعد
Tornado	إعصار
Tropical	استوائي
Wind	ريح

Congratulations

You made it!

We hope you enjoyed this book as much as we enjoyed making it. We do our best to make high quality games.
These puzzles are designed in a clever way for you to learn actively while having fun!

Did you love them?

A Simple Request

Our books exist thanks your reviews. Could you help us by leaving one now?

Here is a short link which will take you to your order review page:

BestBooksActivity.com/Review50

MONSTER CHALLENGE!

Challenge #1

Ready for Your Bonus Game? We use them all the time but they are not so easy to find. Here are **Synonyms**!

Note 5 words you discovered in each of the Puzzles noted below (#21, #36, #76) and try to find 2 synonyms for each word.

*Note 5 Words from **Puzzle 21***

Words	Synonym 1	Synonym 2

*Note 5 Words from **Puzzle 36***

Words	Synonym 1	Synonym 2

*Note 5 Words from **Puzzle 76***

Words	Synonym 1	Synonym 2

Challenge #2

Now that you are warmed-up, note 5 words you discovered in each Puzzle noted below (#9, #17, #25) and try to find 2 antonyms for each word. How many lines can you do in 20 minutes?

Note 5 Words from ***Puzzle 9***

Words	Antonym 1	Antonym 2

Note 5 Words from ***Puzzle 17***

Words	Antonym 1	Antonym 2

Note 5 Words from ***Puzzle 25***

Words	Antonym 1	Antonym 2

Challenge #3

Wonderful, this monster  challenge is nothing to you!

Ready for the last one? Choose your 10 favorite words discovered in any of the Puzzles and note them below.

1.	6.
2.	7.
3.	8.
4.	9.
5.	10.

Now, using these words and within a maximum of six sentences, your challenge is to compose a text about a person, animal or place that you love!

Tip: You can use the last blank page of this book as a draft!

Your Writing:

NOTEBOOK:

SEE YOU SOON!

Linguas Classics Team

www.ingramcontent.com/pod-product-compliance
Lightning Source LLC
LaVergne TN
LVHW060314080526
838202LV00053B/4330
* 9 7 8 2 3 8 5 1 1 0 5 3 6 *